GASTON BONNERY.
CROQUIS
DE
DIEX LI VOLT
ROUTE vers JERUSALEM
Par
L'EGYPTE
et la
SYRIE

CROQUIS DE ROUTE

VERS

JÉRUSALEM

PAR

L'Égypte & la Syrie

PARIS

PRIMERIE des ORPHELINS-APPRENTIS D'AUTEUIL

40, RUE LA FONTAINE, 40

1901

FAÇADE PRINCIPALE DE L'ÉDICULE DU SAINT-SÉPULCRE

Photog. G. Bonnery.

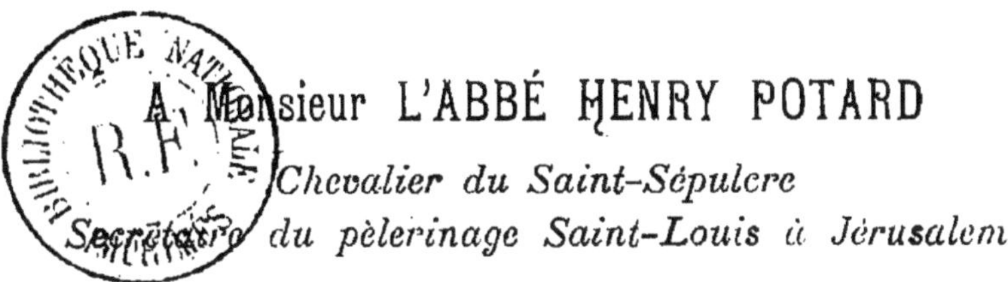

A Monsieur L'ABBÉ HENRY POTARD

Chevalier du Saint-Sépulcre

du pèlerinage Saint-Louis à Jérusalem

Monsieur l'Abbé,

Permettez-moi de vous dédier ce livre que je mets sous votre patronage, comme un témoignage sincère de ma vive affection.

GASTON BONNERY.

PRÉFACE

Je n'ai pas oublié que vous m'avez permis de vous écrire les impressions de mon voyage aux Lieux Saints, les sentiments que l'on éprouve, au milieu des relations et des événements qui accompagnent tout pèlerinage ; ces pages sont la mise en ordre que je suis heureux de vous dédier, tout humbles qu'elles soient, des notes consignées chaque jour sur mon calepin. Toutefois j'ai dû glaner quelques remarques épandues çà et là, chez mes devanciers qui ont bien voulu m'autoriser à le faire, en mettant leurs ouvrages entre mes mains ; aussi je tiens, même ici, à leur en exprimer ma reconnaissance.

Beaucoup de livres existent déjà sur la Palestine, je n'ai nullement la prétention de faire mieux que leurs auteurs, ni de dire du neuf, mais d'offrir une gerbe avec du vieux *(nova et vetera)* et de la placer à côté de celles de moissonneurs érudits, sachant que les cris d'admiration et de foi sortis de nos poitrines trouveront de l'écho dans les cœurs bien nés.

Je me propose donc de faire du bien à ceux qui me liront en contribuant à renouveler ou à enrichir leurs connaissances historiques et à meubler leur esprit de renseignements utiles :

> « Fay du bien en démenties que vivras,
> Si veult vivre quant mort seras. »

Je passerai sous silence une multitude de
détails, qui me reviennent à l'esprit et qui méri-
teraient d'être connus, soit sur les institutions
des pays ou des peuples, soit sur les choses et les
incidents de voyage, trouvant parfois ceux-ci trop
intimes, et craignant surtout d'abuser de la
patience de mes lecteurs. Aussi limiterais-je mes
récits.

« Qui trop embrasse poy estraint. »

L'histoire de l'Égypte et de la Syrie, où nous
avons visité une centaine de monuments, est trop
connue pour en parler autrement que dans ses
rapports avec notre pèlerinage.

On ne saurait parcourir l'histoire de Jérusalem,
sans se rappeler les paroles des Évangélistes qui
ont changé la face du monde, et que les prophètes
et les savants ont eues dans le cœur et sur les
lèvres. La ville sainte se résume dans deux
monuments religieux remarquables à divers
titres et placés presque à côté l'un de l'autre.

1º Le Saint-Sépulcre renfermant le Calvaire
d'où trois sublimes principes sont descendus sur
le monde : La foi dans la liberté ; l'égalité devant
Dieu ; la charité envers les peuples.

2º La mosquée d'Omar sur l'emplacement de
l'ancien temple, qui est pour les Musulmans le lieu
de dévotion le plus important après la Mecque et
Médine.

Si je me suis étendu avec plus de détails sur la
Palestine, c'est que Jérusalem était l'objet principal de notre voyage qui commence en Égypte
et se termine au pied du Liban.

Les monuments Égyptiens ou Syriaques sont

loin de m'avoir inspiré comme Jérusalem qui reste le rendez-vous des différentes parties du monde chrétien.

Le sang de la Rédemption n'a pas été répandu pour une seule nationalité, c'est pourquoi les voyageurs, les savants et les pèlerins sont attirés à Jérusalem par un aimant invisible, loin des amusements profanes et quelle que soit la langue qu'ils parlent.

Les personnes qui aiment à méditer sur la grandeur de Dieu et celles qui préfèrent la lecture aux conversations frivoles trouveront dans ces notes de voyage un aliment à leur préférence personnelle.

Notre entrée dans la cité du Roi-Prophète, hélas ! bien déchue de sa splendeur, est comme un de ces bienfaits qui ne s'oublient pas. Au Saint-Sépulcre, à Gethsémani, à Bethléem, à Nazareth, en courbant mon front dans la poussière de ces lieux vénérés (je veux dire sur les dalles de marbre précieux), j'ai, comme vous le pensez, uni mes amis.

En ces lieux vénérés, tout catholique voit fructifier les semences de sa foi et devient plus croyant que jamais au mystère de l'Incarnation, du Verbe fait chair ; car, de l'ombre d'un doute, il faudrait du même coup rayer de Bethléem la naissance de celui qui est venu apporter sur la terre le salut et la paix, et effacer le sublime sacrifice de la glorieuse Victime du Golgotha.

Or, mes yeux ont vu l'endroit où la Vierge enfanta son adorable Fils, et je me suis agenouillé au lieu même où les Mages se prosternèrent devant Dieu dès son apparition sur la terre.

J'ai mis ma main dans le trou du pied de la croix au Calvaire et dans la fente du rocher qui s'entr'ouvrit au dernier soupir de la vie du Christ, et je ne puis commencer ces pages sans vous dire que dans mon cœur se chantera toujours un *Alleluia* de foi et d'amour.

Nous savons par le Coran, que le fondateur de la religion musulmane a prescrit à ses coreligionnaires d'aller une fois dans leur vie à la Mecque où se trouve la Kaaba ou oratoire d'Abraham et d'Ismaël, et à Médine où le tombeau de Mahomet suspendu par des cordons de soie, est gardé par quarante eunuques : La Mecque et Médine sont devenues des lieux de pèlerinages où l'on se rend des confins des territoires du rite musulman.

La glorieuse Victime des chrétiens au Golgotha n'a pas prescrit un tel désir ; Elle n'en a pas fait un ordre de la Providence, le Sauveur du monde a laissé la liberté aux peuples de l'univers, et voilà la raison pour laquelle nos camarades catholiques s'acheminent des limites les plus reculées de nos territoires avec des effectifs restreints vers Jérusalem, mais les petits ruisseaux font déborder le cours des fleuves ; il faut qu'au xxe siècle, les cœurs haut placés s'organisent : la plume des uns, les actes des autres entraînent les esprits indifférents.

La foi, de nos jours, est secouée dans ses bases, mais la croix lumineuse du Calvaire appartient aux décrets immuables de Dieu.

L'enthousiasme indescriptible qui s'empara du monde chrétien au xiie siècle est un fait unique dans les annales de l'humanité. Le moyen âge se raconte et ne se discute pas. Quelques efforts isolés dont les actions impriment le respect, précédèrent le mouvement qui se fit à la voix entraînante de Pierre l'Ermite.

Les Croisés eurent pour précurseurs : Gerbert, archevêque de Ravenne et qui fut le premier français qui monta sur la chaire de saint Pierre sous le nom de Sylvestre II ;

Les Pisans qui avaient étendu leurs relations dans le Levant et établi des comptoirs à Ptolémaïs, Tyr, Tripoli et Antioche ;

Robert le Magnifique, duc de Normandie, qui mourut en 1035 à Nicée, en Bythinie, au retour de Jérusalem ;

Le pape Grégoire VII, qui conçut la pensée des croisades.

La civilisation moderne, en succédant aux entraînements chevaleresques des croisades, reprend cette œuvre de réaction puissante ; la volonté du Créateur semble nous animer et nous pousser vers les Lieux-Saints.

Notre siècle retrouvera-t-il la foi des vieux Francs ? Il faut l'espérer, a dit une grande voix catholique. A leur bravoure héroïque doit succéder la tranquillité de l'âme avec laquelle se développera l'influence catholique et française que les tentatives des nations rivales voudraient amoindrir.

Ah ! quelle belle et noble vision pour les âmes vraiment catholiques que le jour où le Saint-

Sépulcre, dégagé des confessions cosmopolites qui l'étreignent, verra la croix de la Victime sanglante du Calvaire s'élevant *seule*, éblouissante de clarté, aux yeux de tous les peuples fraternisant : la vérité succédant à l'erreur.

Aux futurs pèlerins qui s'en iront tout là-bas aux Lieux-Saints, souhaitons force, courage et foi.

G. Bonnery.

INTRODUCTION

Ces croquis de route vers Jérusalem sont d'un
voyageur studieux et croyant, aimant à noter ses
impressions du cœur et de l'esprit, écoutant partout où il passe ce que lui raconte l'histoire des
siècles écoulés, mise en concordance, la pioche à
la main et en creusant le sol, avec les pages
immortelles que l'Écriture Sainte nous a léguées.

L'authenticité de quelques sanctuaires n'est pas
une question de foi, mais elle donne l'intelligence
aux faits, qui se sont transmis d'âge en âge.

Les générations futures suivront ces traces ;
car elles demeureront toujours préoccupées de
réchauffer les mouvements de leur âme.

J'ai éprouvé de grands sentiments de foi, de
pitié, d'amour et d'espérance ; pourrais-je commu-
niquer ces sentiments à nos lecteurs ?...

Ils verront ce que j'ai fait ; j'ai confiance que,
le ciel aidant, mes efforts n'auront pas été vains.

Au printemps de 1900, j'entreprenais un voyage
qui pouvait être pénible, l'inquiétude faillit l'em-
porter sur le désir qui, depuis longtemps, hantait
mon cœur de chrétien ; mais qu'est la fatigue
devant un but aussi noble ?

Cette dernière pensée remonta mon énergie et,
à l'instar des Croisés qui ne marchaient qu'au cri
de « Dieu le veut », mon âme s'arracha aux préoc-

cupations de la terre et répéta le cri religieux
« *Sursum corda* ».

C'est sous cette impression que je quittai
Tours, cette ville éminemment française sur
laquelle maintes fois j'ai rappelé ailleurs quelques
vieux souvenirs archéologiques, historiques et
religieux ; quand le cœur demeure jeune malgré
la vieillesse précoce et défiante qui s'approche,
on reste militant d'âme et d'espérance.

J'entendais dire, il y a quelque temps déjà, au
milieu d'un cercle formé d'hommes respectables :

« M.B... est un homme de bon sens, mordant parfois, malgré son affection et son respect des choses
religieuses, mais il conservera toujours le langage
et les allures militaires. »

Ce portrait me parut juste, c'est pourquoi je le
consigne ici.

Mon départ ne me sembla pas triste ; les sentiments des convenances physiques, morales et
religieuses qui m'agitaient me permirent de dire
un adieu plein d'espérance à ma famille et à mes
amis. J'emportais d'eux tous la douce certitude
que chaque jour ils penseraient au voyageur.

Je leur ai écrit quelquefois, car c'était pour moi
une joie de correspondre avec la France et de
crier aux amis la poussée d'enthousiasme religieux, qui justifiait l'entreprise d'un semblable
voyage.

Une de mes lettres étant de notoriété publique,
je me fais un plaisir de l'insérer ici.

Puisse le succès de ce livre, près de mes compagnons de route, leur faire agréer la reconnaissance de l'auteur.

———

Nous recevons, écrit l'*Univers*, la lettre suivante que nous adresse un pèlerin de Jérusalem.

Vendredi, 18 mai 1900.

Le pèlerinage Saint-Louis aux Saints-Lieux sous la conduite de M. l'abbé Potard, et dont le rendez-vous général avait été fixé le 19 avril sur le *Melbourne*, paquebot de la Compagnie maritime française, vient d'arriver à Jérusalem après une traversée des plus heureuses, sous un ciel sans nuages à l'horizon.

Selon l'usage nous levions l'ancre au chant de l'*Ave maris Stella* et le soir la prière faite à l'arrière, alors que le feu des phares déchirait le voile de la nuit qui s'étendait sur les côtes de la France, montait vers Celui qui commande aux éléments ; j'aime à faire errer ma pensée dans le sillage de l'hélice dont l'écume blanche comme un fluide magnétique semblait me rattacher au foyer où l'on priait pour les absents.

C'est maintenant que j'éprouve je ne sais quel contentement intérieur d'être chrétien et catholique ; laissez-moi donc vous dire, au cours de la plume, quelle satisfaction on prend au contact de ces pèlerins qui ne rougissent pas de porter sur leur poitrine les insignes du Christ sur la terre étrangère.

Là, l'âme puise des espérances qu'elle ne rencontre nulle part ailleurs.

La Méditerranée offre des impressions que chacun aimera à redire au retour.

Ce sont les bouches du Bonifacio où les torpilleurs de la défense d'Ajaccio se donnent libre carrière, puis la passe entre les îles sœurs de Salina, Lipari et Vulcano aux flancs dénudés d'une part et de Panaria et du Stromboli qui se détachent à 20 kilomètres sur notre gauche et qui sont l'objectif de tous les appareils photographiques.

Le phare de Peloro à la pointe nord-est de la Sicile

nous permet bientôt de voir Messine enchâssée comme une pierre précieuse dans un écrin de prix.

Puis le mont Gallo, contrefort de l'Etna, dont la cime se perd dans une brume ensoleillée. La Calabre, de l'autre côté du détroit, s'élève en collines d'inégales hauteurs aux versants verdoyants où Pezzo et Reggio semblent suspendues comme des perles.

Il était difficile de brûler· la terre des Pharaons, cet ancien berceau de la civilisation ; aussi Alexandrie, le Caire, Port-Saïd furent autant d'étapes qui nous témoignent que ce peuple se ressaisit sous l'influence anglaise. Au delta, les hameaux deviennent de petites villes et la civilisation moderne aura bientôt tout transformé ; le voyageur cherchera en vain cette couleur locale de l'Orient si chaude aux yeux encore de nos jours.

Nous sommes en Palestine, et de Jaffa à Jérusalem, la vapeur nous emportait poursuivant de capricieux détours à travers la Judée ; le souvenir de quelques pages de la Bible hantait nos cerveaux brûlants.

Notre procession au Saint-Sépulcre se déroula majestueusement devant une population toujours avide d'un tel spectacle.

N'est-il pas étrange de voir chez des Turcs une liberté que nous, catholiques, nous n'avons plus sous notre ciel d'Occident ?

Recevez, etc., etc.

Gaston BONNERY.

P. S. — Au moment où je clos ma lettre, le consul de France vient de nous recevoir avec une amabilité qui a laissé en nous un bon souvenir, en nous priant de nous mettre en garde contre les fatigues, la chaleur et les vents.

VERS JÉRUSALEM

CHAPITRE PREMIER

Marseille. — Embarquement sur le *Melbourne*. — Les bouches de Bonifacio. — Le Stromboli. — Le détroit de Messine. — Conférences à bord. — Service religieux. — Horaire.

Marseille était assignée comme rendez-vous aux voyageurs pèlerins. Ville animée et bruyante, autrefois rivale de Carthage et de Rome, ses digues enracinées au rivage par les ilots d'If, de Pomeigue et de Ratonneau en font un port majestueux.

A Notre-Dame de la Garde, notre Directeur ayant mis le Pèlerinage Saint-Louis sous la protection de la « bonne Mère », nous nous dirigeâmes vers les bassins par un temps clair, doux et calme. Une foule d'idées envahit l'âme au dernier moment des adieux et dont l'espérance du retour est l'antithèse.

Le jeudi 19 avril 1900, nous prenions passage à bord du *Melbourne,* capitaine Blanc, paquebot des Messageries françaises, de la force de 600 chevaux et 135 mètres de long qui devait nous transporter en Orient.

Les voyageurs se tiennent sur le pont et cherchent à entrer en relations ; car, si la politesse disparaît de certaines villes, là, du moins, elle se vivifie.

Je fis connaissance d'un brave Breton, à la figure la plus originale que j'ai jamais rencontrée dans ma carrière militaire : je dus le laisser à lui-même plus d'une fois, me contentant de lui donner quelques conseils à la dérobée. J'étais loin de partager ses ravissements de chaque jour ; il finit même par me bouder et peu s'en fallut que nous ne nous brouillâmes au cours de notre voyage.

Pendant quelque temps, on reste en vue des côtes rocheuses de la Provence, puis le cap Saint-Tropez s'abaisse au loin et la terre de France disparaît à l'horizon comme un beau rêve.

Le lendemain nous étions en vue de la Corse et de la Sardaigne, et le paquebot s'engageait dans cette passe étroite, semée d'écueils redoutables, qu'on appelle les « bouches de Bonifacio ».

Nous saluons les tombes des marins et soldats français de la *Sémillante,* engloutie sous les flots en 1854.

Puis c'est Bonifacio placée comme une aire d'aigle sur son roc dont les anfractuosités renferment d'innombrables cavernes.

Enfin le rocher du Lion apparaît dans toute sa pompe. Non loin des côtes de Sardaigne nous apercevons l'île de la Madeleine, appelée par les Italiens « Isole Intermedie ». De ce point nous nous dirigeons en pleine mer Tyrrhénienne dont les vagues vont mourir sur la côte occidentale de la superbe Italie ; les silhouettes des îles d'Elbe, de Monte-Cristo et de Pianora sont l'objectif des lorgnettes.

Les côtes septentrionales de la Sicile, où se rencontrèrent toutes les civilisations, se prolongent vers notre droite. Nous franchissons les passages entre les îles sœurs de Lipari, de Salina, de Vulcano, qui forment un commandement dépendant de Messine. Vers notre gauche, le Stromboli émerge du sein de la mer ; son sommet se nuance de diverses couleurs ; c'est dans ses eaux qu'eut lieu contre le marin hollandais Ruyter un combat glorieux de notre marine naissante sous les ordres du vieux Duquesne, illustre marin qui n'obtint jamais le bâton d'amiral.

De ce jour, l'amitié indifférente, résultant de l'inconnu entre personnes nouvellement réunies, cessa pour faire place à une gaieté communicative qui dura tout le temps de notre long voyage.

Le paquebot filait 12 à 14 nœuds à l'heure,

c'est la vitesse réglementaire de la poste française par une bonne brise et un bon temps.

Le phare de Pelaro avec les roches de Scylla et le gouffre de Charybde et Messine disparaissent successivement.

On contourne bientôt cette partie de la pointe de l'Italie connue sous le nom de Calabre, d'où Louis XI malade, mais non résigné à mettre son âme à Dieu, fit venir en son castel du Plessis-lès-Tours, l'ermite François de Paule qu'il combla de faveurs et qui est la figure la plus grande de nos gloires provinciales après saint Martin.

D'aimables causeurs apportèrent leur talent dans des entretiens familiers qui furent pour nous un passe-temps des plus agréables ; recevez ici, Messieurs les conférenciers, l'expression de notre vive reconnaissance.

Au loin, à l'horizon, la presqu'île de Morée borne notre vue, et nous cache le golfe de Lépante qui rappelle le souvenir d'une brillante victoire remportée au xvie siècle sur les Turcs par les flottes combinées de Venise, de l'Espagne et du Pape, sous le commandement de Don Juan d'Autriche.

Pie V ajouta aux Litanies de la Vierge les mots « Secours des Chrétiens », à la suite de ce brillant combat naval, et prescrivit de plus la fête du Rosaire au premier dimanche d'octobre.

Chaque soir, alors que les premières ombres vous enveloppent, on aime à lever les yeux vers le ciel où une étoile scintille. Vénus ou l'Étoile du berger, c'est l'astre que salue le marin, c'est le moment de la prière.

Les Pèlerins, à l'arrière du bâtiment, s'agenouillent pieusement et, dans un ravissement extraordinaire de l'esprit, les uns répondent aux oraisons, les autres, pénétrés de je ne sais quels sentiments secrets, récitent quelques dizaines de chapelet.

C'est l'instant psychologique où les cœurs se rapprochent et resserrent l'amitié qui doit les unir durant ce long voyage.

La vie religieuse à bord est l'objet de grandes sollicitudes.

A l'aube, la messe est servie par des volontaires de tout âge, dont l'ineffable joie attire sur nous quelques rayons de lumière. Dieu semble se révéler avec une grandeur immense sur les abîmes insondables de la mer au moment de la célébration des saints Mystères.

On ne saurait se défendre d'une profonde émotion lorsqu'aux regards ardents le soleil expose son disque d'or au-dessus des flots ; ce sont des moments où l'âme aime à contempler la nature avec ravissement. J'ai compris ce que la prière a de charme, et qu'elle sera la plus vive des passions chrétiennes ; heureux l'homme sage qui ne craint pas de s'agenouiller à deux genoux dans une église, sur le pont d'un navire et sur la terre étrangère ! On sait que, quand on se dirige vers l'Orient, il faut avancer sa montre d'un quart d'heure sur l'heure de la ville.

A cet effet l'horloge du bord, à midi, donne l'heure avec la distance parcourue et celle qui reste à parcourir.

On compte 1.440 milles de Marseille à Alexandrie, ou 318 milles en 24 heures.

Les phénomènes de lumière prennent un degré particulier de force. Le crépuscule et l'aurore se dérobent, le soleil disparaît à l'horizon comme une lampe qui s'éteint et le lever du soleil ne dure qu'un instant, comme un corps qui s'élève par le fait de sa propre élasticité. A ces splendeurs inouïes, il y a le revers de la médaille.

Sous l'action des grands vents, la mer devient houleuse, le roulis se fait sentir, les oscillations du navire commencent à être inquiétantes pour certaines complexions.

Les passagers quittent le pont en se dissimulant et vont chercher un repos vers leur cabine ;

ce sont les symptômes du mal de mer et parfois la table d'hôte est déserte.

Il s'agit en l'espèce de prendre gaiement les souffrances que l'on ne peut éviter, malgré les spécifiques infaillibles, recommandés par la plus grande publicité.

CHAPITRE II

Égypte. — Faits mémorables. — Confesseurs de la foi.
— Bombardement d'Alexandrie en 1822. — Colonne de
Pompée.

Que de souvenirs historiques cette terre, où
toutes les religions sont tolérées, ne nous rap-
pelle-t-elle pas ?

Nous nous promettons de visiter les principales villes du Delta sous l'éclat de son soleil
sans nuages, en laissant toutefois la rêverie de
la poésie aux âmes pleines d'imagination vive.

Le 24 avril, nous étions en vue d'Alexandrie :
nous passons près de deux navires à voiles dont
les flots ont submergé les carcasses ; les câbles
des ancres ont dû céder sous un violent vent
Nord-Ouest qui a chassé le premier navire sur
le second ; il n'est pas rare d'essuyer de temps à
autre des pertes de plusieurs navires.

Ce fut sur ces côtes que s'éleva le premier
phare du monde civilisé, bâti par Sostrate au
IIIe siècle avant notre ère. A notre gauche, les
flots moutonnent vers Aboukir qui nous rappelle
le combat naval, dans lequel l'amiral français

Brueys se fit sauter sur l'*Orient*, devant Nelson, le 1er août 1798.

On sait aussi que l'armée turque y fut entièrement anéantie par Bonaparte. Et c'est dans l'enthousiasme de cette victoire que Kléber prit Bonaparte dans ses bras en s'écriant : « Mon général, vous êtes grand comme le monde ! » (25 juillet 1799). Un deuil national à côté d'un succès !

Une nuée d'Arabes apportent une confusion momentanée, se disputant nos bagages, chacun voulant être les premiers servis.

Ici, l'Européen coudoie l'Egyptien, le Turc, le Persan, l'Arménien, le Grec et le Juif.

Les Coptes rappellent les caractères physiologiques des anciens Egyptiens qui descendent d'un fils de Cham, nommé Mesraïm ; ils sont chrétiens, mais ne reconnaissent toutefois que la nature divine en Jésus-Christ. Ils prétendent avoir le tombeau de saint Marc qui évangélisa l'Egypte ; on sait que les Vénitiens revendiquent de leur côté posséder son corps dans la chapelle des Doges depuis le IXe siècle. Parmi les nombreux faits historiques mémorables, on peut citer la délivrance de la captivité des Juifs et les miracles qui éclatèrent à la suite du passage de l'ange exterminateur, chargé de frapper de mort le premier né des Egyptiens afin de laisser partir les Hébreux.

L'agneau offert à Dieu en mémoire de ce souvenir et consommé en famille devait marquer de son sang leurs habitations et les préserver de la mort : c'est le symbole expressif de la Pâque des chrétiens. Puis c'est le souvenir de la légion Thébéenne, ainsi appelée parce qu'elle avait été levée dans la Thébaïde ou Haute-Egypte et qui fut massacrée à Agaunum, aujourd'hui Saint-Maurice en Valais, non comme certains historiens se sont plu à le raconter, pour avoir refusé de porter les armes contre les paysans Gaulois qui s'étaient révoltés contre Rome en 286, mais bien pour avoir refusé de se joindre à l'empereur Maximien qui avait ordonné à l'armée de sacrifier aux idoles pour obtenir des dieux le succès des armées de l'empire.

Le grand thaumaturge saint Martin rapporta à Tours un flacon rempli de la rosée rouge qu'il avait recueillie du champ des martyrs Thébéens.

On met avec raison au nombre des confesseurs de la foi, les plus illustres personnages par leur naissance ou par les places qu'ils occupèrent et qui soutinrent, à Alexandrie, les plus rudes assauts contre le Christianisme, Alexandre, Athanase, Denis, Clément, Origène.

Beaucoup d'hommes célèbres quittèrent l'école d'Alexandrie où les arts libéraux, les saintes Écritures, les belles-lettres fleurirent longtemps et passèrent dans les Indes pour combattre la doctrine des Brahmanes. Ces nobles confesseurs s'attirèrent la vénération de ces peuples ; les affligés trouvèrent en eux des consolations, et les indigents des ressources contre les famines qui désolèrent ces contrées.

Quelques-uns remportèrent la palme du martyre en achevant de détruire l'idolâtrie ; leur vie est liée au récit des triomphes de l'Église et de la conversion des peuples.

Ce fut à Alexandrie que l'arianisme prit naissance ; les ariens ne reconnaissaient pas l'unité et la consubstantialité des trois personnes de la sainte Trinité.

Cette hérésie, qui dura du IVe siècle au VIIe siècle, reparut sous la plume de Locke, de Socin et d'autres écrivains lors de la Réforme.

En sortant du débarcadère de la douane, nous nous engageâmes à pied par les rues franques et « des Sœurs », qui furent ensanglantées par les massacres des chrétiens, le 11 juin 1882, massacres qui furent le prélude du bombardement général (le 11 juillet) des forts du Marabout, de Mex, de Napoléon, de Ras-El-tin, d'Adah, de

Pharos, d'Aboukir et de Com-El-dig qui délimitent la bande de terre sur laquelle est construite la ville et qui, armés de 400 canons égyptiens, furent tous détruits.

On sait que la flotte française avait quitté les eaux d'Alexandrie pendant la nuit, veille du bombardement par l'amiral Beauchamp-Seymour ; cette retraite étonna le monde et entraîna la chute du ministère de Freycinet.

La colonne de Pompée est un merveilleux monolithe perché sur un blocage épais. Châteaubriand fut le premier qui rapporta en France l'inscription, postérieure d'ailleurs à l'érection de la colonne ; voici la traduction :

« Au très sage Empereur, protecteur d'Alexandrie, Dioclétien Auguste ; Pollion, préfet d'Égypte. »

CHAPITRE III

Delta. — Chemin de fer. — Canaux. — Le Caire. —
Courrier de France. — Change. — Citadelle de Saladin.
Mosquée de Méhémet-Ali. — Puits de Joseph. — Tombeaux des Mamelucks. — Statue d'Ismaïl Pacha. — Le
vieux Caire. — L'église Saint-Serge. — Ile de Rhoda
sur le Nil. — Gizeh.

La voie ferrée au Caire traverse le Delta,
partie arable et fertile, d'une brillante végétation ; quelques lieux ombragés de palmiers,
figuiers, mûriers, disséminés çà et là attirent l'attention ; une coupole et son minaret indiquent
un village de fellahs ; les habitations aux murs
blanchis à la chaux se mêlent aux huttes de terre
durcies au soleil sur un terreau noir, gras et
léger qui est le caractère distinctif du Delta. On
traverse sur des viaducs gigantesques les deux
branches du Nil qui se dirigent vers Rosette et
Damiette et dont le débordement a pour résultat
immédiat la vigueur de la végétation, qu'il est
aisé d'y remarquer. Des canaux d'irrigation dont
l'épurement est une question nationale, forment
un système organisé pour l'arrosage de la plaine
qui se fait de plusieurs façons : soit par les fellahs,
qui, selon la coutume du pays, montent l'eau du

Nil dans des paniers garnis de peaux de buffles, ou selon l'usage du midi de la France, au moyen de perches assemblées comme un balancier, soit par des bœufs domestiqués et attelés à des norias ; soit encore à la vapeur sur les vastes propriétés concédées aux Européens par Méhémet-Ali et la Turquie depuis 1863. L'Egyptien a repris la charrue et la pioche au lieu du sabre et du fusil, il est redevenu agriculteur, d'un tempérament sobre, ne se nourrissant que d'un pain (doura) sans levain cuit à un feu de fiente séchée de buffles.

Un peu d'eau et d'oignons crus, de temps en temps du fromage, du lait aigre et des dattes, composent leur menu quotidien.

Le train stoppe une dernière fois, c'est le Caire avec ses dômes surmontés du croissant, ses blancs minarets d'où le Muezzin invite à haute voix les musulmans à la prière. Ils ne font pas usage des cloches comme tous les autres peuples; des jardins ombreux aux diverses plantes tropicales entourent les villas somptueuses des Pachas ou des riches étrangers.

Le drapeau français, dont les couleurs nous firent un vif plaisir, est hissé au mât qui se dresse au-dessus de la porte d'entrée de l'hôtel Royal; là nous fûmes accueillis avec la plus grande cordialité.

C'est réellement un beau pays auquel il manque l'indépendance. La situation de la ville est admirable ; elle est le centre d'excursions, soit dans les environs immédiats de ses faubourgs, soit sur le Nil, soit sur le grand canal où elle est comme greffée sur le canal de Joseph et de Mahmoudieh, construit par Cléopàtre.

Notre première nuit en Égypte fut splendide, la lune et les étoiles brillaient du plus vif éclat.

La matinée fut réservée à la correspondance, après avoir entendu la messe chez les Pères Jésuites, établis ici depuis une vingtaine d'années. Ce fut notre premier courrier pour la la France ; les cartes postales illustrées furent expédiées en grand nombre et les jours suivants. Enfin ce fut le change qui attira notre application d'esprit.

Les premières chaleurs de l'été, qui commence vers la fin de février, sont supportables. Un vent du sud brûlant soufflait comme nous montions à la citadelle de Saladin, où un poste anglais, sous la tente, veille au nom du royaume Britannique-Uni. Les remparts sont garnis de batteries de canons qui semblent chanter victoire. Les Pyramides à l'horizon, comme des bornes gigantesques, nous indiquent qu'au-delà sont les sables du désert ; à nos pieds, la ville sainte de l'Islamisme, la cité des mille et une nuits de l'Orient dont la vue est grandiose. N'oublions pas que Moïse y prédit le Messie et annonça la Loi en érigeant un tabernacle.

La mosquée en albâtre oriental de Méhémet-Ali, construite en 1824, est d'un merveilleux féerique ; non loin est le défilé où les Mamelucks qui étaient devenus les chefs de l'Égypte périrent massacrés le 1er mars 1811, dans un guet-apens organisé par le vice-roi.

Le puits de Joseph Saladin creusé dans le roc et dont chaque côté mesure 15 mètres, a une profondeur d'environ 90 mètres. Une rampe en spirale permet de descendre jusqu'au fond. De là on se dirige sur la Mosquée où sont élevés les tombeaux renfermant les restes des Mamelucks, après leur massacre. Les mausolées de pierres peints à l'orientale reposent sur un stylobate, supportant aux extrémités deux colonnes sur lesquelles sont gravés des préceptes du Coran ; l'une de ces colonnes est couronnée d'un turban.

Des bannières de drap de velours, sur lesquelles sont brodés d'or des versets du Coran, sont appendues aux murs, comme provenant du pèlerinage de la Mecque.

Sur la place du Gouvernement ou Séraï, on a élevé une statue équestre à Ismaïl-Pacha qui fut un souverain à l'esprit ouvert aux grandes idées.

Parmi les tramways qui sillonnent la ville en tous sens et les voitures de toutes sortes qui permettent de se déplacer avec la plus grande facilité, un tramway à vapeur conduit au vieux Caire, bâti sur l'emplacement de la Babylone d'Égypte construite par Cambyse.

Nombreuses sont les guerres qui, depuis cette époque, ont bouleversé les rives du Nil et aussi nombreux sont les peuples qui s'y sont succédé.

A la forteresse romaine séjourna une légion et Fostah devint la résidence des maîtres de l'Égypte au VIIe siècle. Les croisés, sous Amaury, en 1168, bivouaquèrent devant la ville incendiée par le sultan Schawer.

L'église Saint-Serge fut réédifiée au xe siècle sur l'emplacement d'une église construite primitivement par sainte Hélène ; la voûte actuelle en bois est d'un bel effet, elle représente une carène renversée.

L'intérieur du sanctuaire renferme des boiseries et des tableaux d'une facture douteuse. La crypte, soutenue par 12 colonnes en souvenir des apôtres, renferme trois niches que la tradition rattache au séjour de la sainte Famille.

On aperçoit l'île de Rhoda où s'arrêta le berceau de Moïse, sauvé par Termutis, la fille de ce Pharaon qui avait donné l'ordre de jeter dans le Nil les enfants mâles des Hébreux dont la rapide multiplication l'effrayait.

Un bateau-mouche turc, *Le Touriste*, vous transporte à Gizeh de l'autre côté du fleuve.

Le Musée de Gizeh est un palais où les nombreuses salles sont remplies des merveilles des siècles des Pharaons.

Il est dû à l'initiative érudite de Mariette-Bey, d'origine française, qui a pressenti le sérapéum de Memphis, continuant les découvertes de Rougé et de Champollion.

Les savants peuvent étudier sur place l'esprit national de ces temps passés d'esclavage, de victoire, de misère et de prospérité. On erre comme des ombres au milieu de ces débris de toute sorte, où règne en un mot un silence d'affliction.

On y voit entre autres la momie de Ramsès dont la fille, Termutis, sauva Moïse et dont le fils, Menepta, périt avec son armée sous les eaux de la mer Rouge en poursuivant les Hébreux qui s'arrachaient au joug des Pharaons sous lesquels ils avaient occupé 400 ans la terre de Gessen.

N'est-il pas étrange que ces noms soient arrivés jusqu'à nous, par l'enchaînement d'événements marqués dans les desseins du Ciel?

Parmi les objets de valeur trouvés dans les

tombeaux on remarque les scarabées dans lesquels l'Égypte revit tout entière ; ils sont consi-
dérés comme un symbole de la résurrection qui
est une des bases de la religion.

CHAPITRE IV

Pyramides. — Matariech. — Héliopolis. — Port-Saïd. — Grands hommes. — Kassassine. — Ismaïlia. — Terre de Gessen. — La femme musulmane. — Convention du 22 mai 1887.

Nous retrouvons à Memphis le souvenir des Ptolémées et des milices Gauloises, qui jouèrent un rôle dans les révoltes politiques et sur les champs de bataille. En Egypte, comme en Syrie, sous Pyrrhus, l'un des plus grands capitaines de l'antiquité, on savait apprécier la valeur des auxiliaires gaulois.

La religion exhortait les hommes à considérer le métier de soldat comme une mission sainte, le bonheur de la vie future n'étant en quelque sorte réservé qu'aux braves, morts sur le champ de bataille.

Les Pyramides sont signalées comme l'une des sept merveilles du monde ; c'est l'apothéose d'un peuple disparu.

Elles ont été décrites tant de fois que je pourrais me dispenser d'en faire la description ; elles exciteront toujours le plus vif intérêt, tant qu'il y aura des hommes capables d'admirer les grandes entreprises des races antiques.

Quarante siècles de faits vous écrasent par leur dramatique histoire dont le souvenir se ravive sur les bords du Nil.

Là, j'ai oublié le temps et les heures, embrassant du même coup d'œil le cours du fleuve et la grande plaine où les troupes françaises se déployaient comme un torrent impétueux sous les aigles naissantes du général Bonaparte. Là, de toutes parts se présente une étendue sans bornes, la vue s'égare et sur le désert de Lybie qui confine à la partie orientale de la Barbarie, vers la régence de Tripoli, et sur la mer qui baigne les côtes de la Turquie ; l'âme croit embrasser le monde.

O vous ! que le destin emportera vers ces parages, sous un soleil ardent, ne retenez pas vos larmes à l'émotion qui se manifestera au dehors de tout votre être. La guerre a toujours rempli de pleurs les yeux des mères, et imposé aux pères les plus grands dévouements envers la nation.

Mes guides me conduisirent à l'intérieur de la grande pyramide, où se trouve le tombeau de granit rose de Chéops qui y fit travailler tous les peuples sous sa domination. Le sol de granit blanc est glissant, l'air chaud, les couloirs étroits où des blocs obstruent le passage ; il faut tantôt ramper sur les genoux ou grimper à l'aide des mains des guides ; les jointures des pierres sont telles que les doigts ne les saisissent pas, des creux entaillés grossièrement dans le sol servent à emboîter vos pas.

La chambre sépulcrale a 10 mètres sur 5 mètres et 6 mètres de haut ; la lumière au magnésium y donne une illusion d'apparition fantastique.

Du haut de la pyramide où l'on arrive après une succession de gradins, formés par l'absence des plaques de marbre qui recouvraient les faces extérieures, il est difficile de garder le silence devant l'immensité des lieux et devant la vastitude du désert. C'était parmi nous une source intarissable d'exclamations, d'admirations et d'hyperboles à jet continu.

On sait que l'état de dégradation de certaines pyramides a permis de démontrer que l'on construisait d'abord une petite pyramide servant de noyau et sur laquelle venaient s'appliquer des enveloppes successives.

Au retour, nous nous désaltérâmes de l'eau du Nil, qui est la première eau du monde.

Matariech est une station de chemin de fer proche de la ville et un lieu de réjouissance pour la jeunesse dorée, sans gêner en rien la civilisation indigène. La tradition religieuse rapporte que la sainte Famille, lors de son séjour dans la basse Egypte et se dirigeant vers la Galilée, n'ayant plus rien à craindre d'Archélaüs, exilé par Auguste, prince qui avait fait de la Judée une province de l'empire romain, vint se reposer sous un figuier-sycomore, dont les rejetons ont formé un arbre vigoureux qui a pris un développement énorme dans toutes ses dimensions pendant des siècles, mais qui porte toutefois aujourd'hui de longs rameaux décharnés et sans vie qui lui donnent une physionomie particulière ; il est encore le premier arbre, dit-on, à se garnir de feuilles et le dernier à les perdre.

Les premiers chrétiens en recueillaient pieusement les feuilles que l'on appliquait sur les malades dont elles guérissaient les maux. J'y ai remarqué quelques inscriptions de la foi populaire, gravées au couteau sur l'écorce, naïfs ex-voto qui témoignent de la ferveur avec laquelle une guérison a été demandée. Cet arbre mérite à tous égards d'attirer l'attention de l'archéologue et du penseur.

Le sycomore est un bois incorruptible qui fut employé par les Égyptiens pour leurs sarcophages ; on le rencontre encore en Palestine;

Zachée était monté sur un sycomore et Judas s'y pendit.

Une source que l'Enfant-Dieu fit sourdre, alimente d'eau claire le jardin des Jésuites où une chapelle provisoire renferme un tableau de Gagliardi, rappelant le séjour de la Sainte-Famille.

Le culte des arbres, des sources se perd dans la nuit des temps ; certaines traditions se rattachent aux races Indo-Européennes, et l'église consacra au nouveau culte certains objets de la vénération du culte des anciens.

Parmi les noms des bienfaiteurs qui figurent sur des cartouches appendus aux murs, j'ai relevé des noms appartenant à la noblesse française ; je rends hommage à cette illustre et belliqueuse noblesse en redisant ici la fierté que l'on éprouve à voir ces noms honorés à l'étranger et perpétués dans la mémoire des hommes.

Un chemin traverse le plateau vers Héliopolis, à deux kilomètres de Matarieh. C'est un pauvre village de fellahs qui excitent la compassion, à gourbis du limon du Nil et d'herbes sèches, et qui désigne le champ de bataille où Bonaparte et Kléber battirent les Égyptiens, le 20 mars 1800.

Il ne reste rien du temple où les Juifs offraient le culte du veau d'or à Mnévis, qui était adoré comme le bœuf Apis, Pacis et Onuphis qui avaient leur temple et rendaient des oracles.

C'est là qu'un certain nombre de grands hommes préparèrent leurs immortels ouvrages ; à ne citer que le prêtre Manéthon, garde des archives sacrées ;

Le célèbre historien grec Hérodote, surnommé « le père de l'histoire » ;

Platon qui reçut les leçons de Socrate dont il développa les doctrines ;

Solon, le sage de la Grèce qui étudia les mœurs et les lois des nations.

L'obélisque, élevé à la mémoire de Ousortesen, porte une inscription hiéroglyphique déchiffrée par Champollion ; un escalier permet de descendre jusqu'à la maçonnerie sur laquelle il est posé, ce qui prouve que le sol s'est élevé de plusieurs mètres pendant ces 4.700 ans.

Les obélisques sont de granit rose et la patine grise qui les recouvre est due aux intempéries des saisons à travers les siècles.

On ignore par quel moyen les Egyptiens, avant les Pharaons qui ne connaissaient pas le fer, pouvaient tailler le granit, et par quel procédé perdu, ils trempaient le cuivre. Ce fut Dioclétien, lors de sa campagne d'Égypte, qui, sous prétexte d'anéantir l'art dangereux de transmuter les métaux, livra aux flammes les livres qui renfermaient les secrets de l'antique science des Égyptiens. Ce qui prouve aujourd'hui que toutes les sciences ont leurs problèmes.

Toutes les générations qui se sont succédé en Égypte ont exploité les ruines de l'ancienne ville, et l'agriculture tire encore de nos jours un engrais des immondices accumulées sur certaines collines.

Nous quittâmes le Caire pour Port-Saïd. A la station de Kassassine se voient les tombes des soldats anglais, tombés sous le commandement de Sir Garnet-Wolseley, pendant les combats des 8 août et 11 septembre, à Tel-El-Kébir. A Ismaïlia, du nom du fils d'Abraham et d'Agar, sa servante, le chemin de fer est à voie étroite et longe le canal. Nous croisâmes plusieurs paquebots de diverses nations, les uns en marche, les autres en station dans les bassins où les sémaphores signalent la liberté du canal ; la longueur de celui-ci est de 160 kilomètres avec un tirant d'eau de sept mètres sur soixante-quinze mètres de large.

Les missionnaires du Soudan ont une maison dans un quartier d'Ismaïlia. La terre de Gessen où s'établit la famille de Jacob, est à votre droite, et au loin se prolonge le désert.

La plaine de Peluse s'étend de l'autre côté du

canal, c'est la route de Syrie ; il ne reste rien de
la place d'armes des rois Pasteurs qui envahirent
l'Égypte, vingt siècles avant notre ère. A Port-
Saïd, nous saluons avec respect la statue de
M. de Lesseps : elle s'élève sur la jetée qui
s'avance en mer.

Depuis le protectorat anglais, on a cherché à
émanciper la femme turque ; des tentatives ont
été faites près du Khédive pour obtenir que la
femme se dévoile devant les étrangers, mais le
Sultan a déclaré qu'il ne pouvait violer les préceptes du Coran qui prescrivent cet usage chez
les musulmans.

Le voile que porte la femme est un préservatif
des désirs qui agitent l'âme des oisifs de nos
villes. Chaque homme ne connaît de visage de
femme que celui de son épouse, de sa mère, de
sa sœur et de sa belle-sœur.

Ce qui frappe tout Européen en Orient, est
précisément cette opposition totale des manières
d'être aux nôtres ; ici, la vie est un contraste
entre les hommes de l'Asie et ceux de notre
Europe.

Le Coran reste la loi absolue, indiscutable, pour
laquelle il n'y a ni libre examen, ni discussion.

Une loi organique a été promulguée le 1er mars
1883, marquant le commencement d'une ère de
progrès.

L'Égypte est dotée d'institutions qui mettent en quelque sorte dans ses propres mains le dépôt de ses destinées.

Toutefois le Sultan ayant refusé de ratifier la convention du 22 mai 1887, la question égyptienne est rentrée de nouveau dans le domaine international.

CHAPITRE V

Embarquement pour la Palestine. — Jaffa. — Débarquement en Terre-Sainte. — Hôpital français. — *Hospitium latinum*. — Mosquée sur l'emplacement de la maison de Simon le corroyeur.

Jaffa est également le lieu de débarquement en Terre-Sainte. A peine avons-nous jeté l'ancre que nous sommes envahis par une multitude de gens du pays, de tout âge, s'offrant aux voyageurs et se disputant les bagages. C'est aujourd'hui 27 avril.

Jaffa n'a pas de port, et de la rade où les paquebots se tiennent, des barques vous conduisent à travers des écueils formés de rochers à fleur d'eau, et où les pilotes intrépides trouvent un passage ; tout danger a disparu lorsqu'on a franchi ce barrage naturel.

Il faut se faire, en Orient, d'une manière générale, aux cris, à la confusion des gens ; il est évident que nous rencontrerons partout beaucoup de bruit pour peu de besogne.

Notre première action en sortant de la douane est de baiser la terre : le salut du monde est le fruit du sang du Rédempteur !

Ma vue s'étend sur la plage et des filets de pêcheurs me rappellent la vie rude d'autrefois du Prince des Apôtres qui baptisa le centurion Corneille.

La ville s'étage en amphithéâtre sur un coteau entouré de jardins d'orangers délicieux, où l'on distingue les villas des différents consuls. Une grande artère coupant des rues étroites et sinueuses conduit à l'hôpital français, fondé par M. Guinet et tenu par les Sœurs de Saint-Joseph.

Des pièces d'artillerie françaises font usage de bornes en divers endroits.

Les ruines d'une citadelle me remettent en mémoire que la ville fut prise par les Égyptiens, les Assyriens, Judas Machabée et Vespasien. Saint Louis s'y fortifia et la laissa sous la domination ottomane.

Une mosquée qui manque d'ornement est construite sur l'emplacement de la maison de Simon le corroyeur, où saint Pierre eut la vision des animaux purs et impurs.

On sait que la Soriate du Coran, qui est la copie de la Bible en ce qui concerne le prophète Noé, rapporte la construction de l'arche sur la plage même de Jaffa, ou Joppé dans l'antiquité. L'allemand Kopuch a publié une histoire curieuse de la construction de l'arche que je laisse aux romanciers avides de savoir.

La tradition a transmis que Joppé était encore le point d'atterrissage des radeaux du roi de Tyr, Hyram, qui transportaient les cèdres du Liban pour la construction du Temple de Salomon. Les cèdres du Liban, peu nombreux à notre époque, formaient des forêts renommées chez les anciens.

Après notre déjeuner, nous assistâmes à un salut solennel d'actions de grâces.

Des terrasses de l'*hospitium latinum*, bâti en 1654, on jouit d'une belle vue sur la mer et dans la direction de Saint-Jean d'Acre et du mont Carmel, les jardins et les champs de repos de toutes les confessions et rites religieux.

Un chemin de fer conduit en quatre heures à Jérusalem ; çà et là, dans la plaine s'élèvent des bouquets de palmiers, des constructions basses d'un blanc éclatant : c'est un village. Tout dès lors parle à l'imagination. Le souvenir des belles pages bibliques s'offre de soi à notre pensée émue.

CHAPITRE VI

Jérusalem. — Entrée solennelle. — Réception des pèlerins au Saint-Sépulcre. — Description. — Trésor. — Les stations du chemin de Croix.

A Jérusalem, on parle toutes les langues ; on voit tous les costumes, comme on y trouve toutes les races de l'Orient et de l'Occident. C'est un monde qui s'est formé sur ce petit coin de terre sainte par suite des révolutions politiques et religieuses, qui se sont succédé dans le cours des siècles.

N'est-ce pas singulier de voir toutes les nations occupant à l'envi un petit lopin de terre afin de rendre gloire au Dieu des chrétiens, tellement les grandes vérités de la Religion font sur le cœur humain une impression profonde. Jérusalem est une terre saluée comme une nouvelle patrie.

A la naissance du Christianisme, l'idolâtrie s'arma de tout son pouvoir afin d'en empêcher l'établissement. Ceux qui faisaient profession d'être chrétiens furent condamnés à des tortures dont le souvenir glace d'effroi, mais leur sang répandu était une semence féconde qui multipliait de jour en jour le nombre des disciples de l'Homme-Dieu.

De nos jours et quand même nos livres saints viendraient à être détruits, jamais aucun philosophe n'anéantira la parole divine ; les hommes passent et la loi de Dieu est immuable.

C'est avec de vifs sentiments de piété que les voyageurs et pèlerins visitent les Lieux-Saints et qu'ils prennent d'eux-mêmes la coutume secrète de faire le signe de croix sur la bouche ou sur la poitrine. Le sage nourrit son âme des grands exemples qui lui sont offerts, c'est un hommage qu'il rend au Créateur. Ici, l'homme du monde cherche à recouvrer la vigueur de l'âme qui s'affaiblit insensiblement par suite des agitations sociales.

S'il est donné à un petit nombre de pèlerins catholiques de se rendre aux Lieux-Saints, il est bon de rappeler cependant, à vous que je ne connais pas et qui me lisez, que Dieu n'est point renfermé dans des murailles et que c'est dans le cœur de ses serviteurs qu'il fait sa demeure.

Tout catholique doit se rappeler, en adorant la Croix, les prophéties de Jérémie qui fut comme l'organe de l'Esprit-Saint pour annoncer les souffrances du Messie, et aussi les crimes de son peuple et le chef-d'œuvre de la bonté divine accompli par la mort du Christ.

La fiction disparaît sur le sol que nous foulons, l'Évangile à la main ; or, nier les miracles qui accompagnèrent l'introduction du Christianisme, c'est rendre plus éclatant et plus miraculeux le triomphe des premiers Apôtres.

Jérusalem, par l'éloquence de son nom, exerce une véritable fascination sur l'âme et la soulève comme les vents agitent la mer ; le chrétien ne peut bannir de sa pensée, tant il éprouve d'émotion, que la Ville sainte est demeurée le point central de la surface terrestre.

Notre procession au Saint-Sépulcre se déroula majestueusement devant une population toujours avide d'un si imposant spectacle.

N'est-il pas inouï de voir chez des Turcs une liberté que nous, catholiques, nous n'avons pas sous notre ciel d'Occident? Ce n'est plus l'épée au côté, mais tenant à la main le chapelet qui nous est resté comme un dernier souvenir des croisés qui l'avaient eux-mêmes emprunté aux Musulmans, que l'on arrive aujourd'hui au Saint-Sépulcre, l'objet des compétitions de tous les peuples. Nous traversons des rues tortueuses et sombres, des voûtes basses et des marches d'escalier au pavé glissant.

On s'y maintient difficilement avec de fortes chaussures, on ne doit s'y engager qu'avec des semelles souples.

Le Golgotha était, au commencement de l'ère chrétienne, au nord-ouest et en dehors de l'enceinte de Jérusalem ; il fut enclavé plus tard par les fortifications d'Hérode-Agrippa ; un fossé avec une citerne le séparait non loin de la porte Judiciaire ; les jardins dépendant de l'habitation de Joseph d'Arimathie s'étendaient sur les pentes du mamelon qui se détachait de la colline de Gareb.

Une obscurité profane régna pendant des siècles sur l'histoire de cette ville.

Sainte Hélène, rappelée à la cour avec le titre de vénérable, avait embrassé le culte du vrai Dieu que son fils lui fit connaître ; devenue dès lors maîtresse des trésors de l'empire, elle en disposa pour faire des libéralités.

Avec Constantin, une nouvelle ère se répand sur la Palestine ; une basilique s'élève en 326, détruite en 604 par le roi des Perses, Chosroès. Une deuxième époque se réalise avec le patriarche Modeste qui fait élever, au milieu des décombres, quatre petites églises :

1° L'Anastasis, ou de la Résurrection, sur le Saint-Sépulcre ;

2° L'église du Golgotha, au lieu du crucifiement ;

3° L'église de l'Invention de la Sainte Croix, au lieu où elle fut retrouvée par sainte Hélène;

4° L'église de la Sainte-Vierge, près de la pierre de l'onction.

Enfin, les croisés réunirent les quatre sanctuaires en un seul édifice que nous admirons ; c'est ce qui explique l'irrégularité du plan et la variété des styles.

Actuellement, le temple est étroitement uni et ouvert aux diverses communions qui lui forment une ceinture impénétrable, d'où certains mauvais exemples indignent les chrétiens ; malheureusement, ils ne peuvent y remédier. On sait qu'à des heures déterminées, la grande et unique porte du sud du Temple est fermée, et que le soir, le Saint-Sépulcre se transforme en asile de nuit, le sommeil succédant aux chants sacrés, on reste attendri à la vue de tant de désordres.

L'orthodoxe et le catholique prient côte à côte ; les orthodoxes se reconnaissent à la manière dont ils font le signe de croix, c'est-à-dire, de droite à gauche ; les coptes font le même signe avec un seul doigt ; tant il est vrai que le signe de la croix est resté le sceau du chrétien.

Là, vous trouverez l'Arménien au naturel pacifique, grave et profondément attaché aux traditions de ses ancêtres ; le Copte avec son flegme imperturbable, sombre, à la vie austère, et à qui la langue des Pharaons sert toujours pour les

prières du culte ; l'Abyssin au teint basané, au
maintien misérable et doux ; les Musulmans au
tempérament voluptueux, dédaigneux envers
tous ceux qui ne se conforment pas à leur doctrine, mais résignés à la volonté de Dieu et pour
qui le Christ des chrétiens n'est que le prophète *Issa*, qui s'est transfiguré au Thabor.

Plus loin, en dehors du parvis, se voient
les Juifs portant les stigmates de leur amour
pour le gain ; ils sont là pour acheter,
vendre et mourir. Il ne leur est pas permis
d'entrer au Saint-Sépulcre, comme autrefois il n'était pas permis à un homme
ayant des infirmités d'entrer dans l'enceinte du
Temple.

Parmi les pavés du parvis sont quelques
pierres tombales aux armoiries des croisés, bien
précieuses pour l'archéologue, qui y voit revivre
des héros français. Grandie par le martyre, dont
le rayonnement n'est pas éteint, la chevalerie
vivra toujours dans l'histoire et dans les œuvres
de poésie.

Chaque fois que je foulais ce sol, où quelques
marchands se tiennent devant leur boutique en
plein air, au pied de la tour carrée de Godefroy
de Bouillon, il me semblait voir dans une grande
vision le chemin sanglant que Notre-Seigneur
avait parcouru ; il me semblait entendre la voix

des officiers des cohortes romaines de Tibère, voix étouffée par les cris ignominieux des Juifs courant aux remparts repaître leurs yeux de cette longue file qui s'acheminait vers le Golgotha.

Il n'y a que la poésie qui puisse rendre cet effet-là, et ma plume reste impuissante à le décrire comme il convient.

L'impression que donne la façade du sud du Saint-Sépulcre, la seule accessible, est celle d'un édifice mutilé, aplati, tout en conservant un grand air. La patine du temps ayant déposé sur la pierre de jolies teintes grises, c'est comme un voile de deuil qui nimbe les monuments et qui atteste comme la consécration des siècles et redit les épreuves que les pierres ont traversées.

Cette extrême beauté ne pouvait faire défaut au Saint-Sépulcre comme étant le plus saint, le plus émouvant et le plus merveilleux de tous. La vieillesse communique des émotions dont la nature humaine ne se défend pas (1). Les monuments, en effet, ainsi que les arbres séculaires, et l'homme blanchi par les années, ont un caractère vénérable qu'ils n'avaient pas étant plus

(1) Cicéron, *De divinat.* c. 40.

jeunes ; c'est là une loi générale à laquelle rien n'échappe.

Dans l'édifice on remarque le roman à côté de l'ogive sarrasine. Le linteau de la grande porte de gauche représente : 1° la résurrection de Lazare ; 2° Marie priant Jésus de venir à cause de son frère ; 3° l'entrée triomphale de Jésus à Jérusalem ; 4° enfin la Cène.

Le portail de droite est muré ; à côté, un escalier conduit à la chapelle Notre-Dame des Sept-Douleurs, aux Latins ; au rez-de-chaussée, on voit la chapelle de Marie-l'Égyptienne, aux Coptes ; à gauche, les absides des chapelles de Saint-Jacques, de Marie-Madeleine, des quarante martyrs de Sébaste, la crypte des Patriarches. A droite, le couvent des Arméniens renferme la chapelle de Melchisédech en souvenir de la fondation de Jérusalem, l'an 2023 du monde, ville que le patriarche nomma *Salem*, c'est-à-dire « la paix ».

Au sud, des débris de bases de colonnes de la propylée de Constantin, comme des sentinelles de pierre veillent autour du temple saint.

Le lit de camp des Musulmans, qui gardent les clefs du Saint-Sépulcre depuis Saladin, est à votre gauche en pénétrant. Quand donc l'univers entonnera-t-il un *Te Deum,* lorsque les catholiques entreront en possession de ces mêmes clefs ?

Le Cabinet des médailles possède une médaille du grand ennemi des chrétiens. D'un côté, on voit sa tête avec celle d'un jeune Amelck, Ismaïl, fils de Nurodin. La légende en arabe : *Joseph filius Job,* comme s'appelait Saladin, et au revers : *Rex Imperator Princeps fidelium.*

Il n'y a pas de bénitier à l'entrée du temple comme l'usage l'a établi dans nos églises.

Là, chaque marbre a un sens, chaque colonne, débris de toutes sortes, rappellent un souvenir ; cependant point de statues comme dans nos édifices religieux. Le sculpteur y a gravé le monogramme indélébile du Christ qui seul brille avec éclat.

C'est à la fois une forteresse où les moines à la corde veillent depuis sept siècles bientôt, une demeure royale où les têtes couronnées sont venues s'incliner en pensant que la Religion doit être le mobile de ceux qui gouvernent, un forum pour les orateurs dont la voix chaude et autoritaire entraîne les multitudes catholiques.

En entrant au Temple dont le vaste circuit de murailles vous étonne, comment vous redire ce qui a été dit sous ces voûtes qui ont vu passer tant de siècles, tant d'émouvants spectacles, tant de grands personnages et d'illustres infortunes ?

Comment rendre la vérité tangible, et même la vraisemblance à ceux qui n'ont pas vu toutes ces choses ? J'ai encore dans la mémoire le discours de réception des pèlerins par le R. P. François-Joseph, de l'ordre des Franciscains. Planant sur les sommets de l'éloquence chrétienne, il remua profondément les cœurs, rappelant que les cendres de nos aïeux se sont mêlées à la poussière des pas du Christ.

La Pierre de l'onction, sur laquelle le corps divin fut étendu pour être embaumé selon la loi des Juifs, est devant vous ; les pèlerins s'agenouillent et la baisent ; huit lampes y brûlent sans interruption ; elles appartiennent aux Latins, aux Grecs et aux Arméniens.

A votre droite, un escalier conduit au Calvaire, où les autels sont orientés à l'Est.

Sous cet ancien monticule abrupt, dominant de 4 mètres le rocher du Saint-Sépulcre, est la crypte mystérieuse, dite chapelle d'Adam, premier condamné de l'humanité. La paroi du rocher est fendue par le tremblement de terre du vendredi-saint ; actuellement les Grecs admettent que Melchisédech aurait été inhumé en cet endroit ; quoi qu'il en soit de cette tradition, de là proviendrait l'usage de représenter une tête de mort sur les crucifix. A votre gauche, un escalier mène à l'église des Arméniens, que l'on reconnaît au port d'un capuchon noir pointu.

Nous voici arrivés devant l'édicule du Saint-Sépulcre de style gréco-byzantin, au centre d'une rotonde, et qui reçoit le jour d'une coupole vitrée ; l'usage de la coupole remonte vers la fin du IIIe siècle.

La façade principale qui est à l'orient est décorée de quatre colonnes torses. De chaque côté de la porte d'entrée, sont deux bancs de pierre et de hauts chandeliers destinés aux cérémonies.

A la partie occidentale de l'édicule, est un autel appartenant au rite copte et qui est adossé au rocher même du tombeau.

Dans la chapelle de l'Ange qui précède le tombeau, on voit, enchâssé sur un piédestal, un fragment de la pierre qui avait été roulée devant l'ouverture de la chambre sépulcrale et sur laquelle les saintes femmes virent un ange assis le jour de la Résurrection.

Le feu nouveau du samedi-saint est produit par une lampe que le patriarche arménien porte sous ses vêtements sacerdotaux et dont la fumée sort par deux ouvertures pratiquées dans la chambre de l'ange. Ce feu représente la vie nouvelle de Jésus, ressuscitant plein de gloire et sortant du tombeau.

Une porte cintrée conduit dans la chapelle du Saint-Tombeau ; c'est l'endroit le plus vénérable des Lieux saints.

Des plaques de marbre blanc recouvrent la cavité ménagée dans l'épaisseur du roc, et dont le côté du sud est seul visible. Une arcade taillée au ciseau a permis d'établir la table de marbre sur laquelle on célèbre l'office de la messe chaque jour ; elle est plus large à l'ouest, ce qui indique que le Christ avait été enseveli la tête de ce même côté.

Quarante-trois lampes appartenant aux Latins, aux Grecs, aux Arméniens et aux Coptes sont entretenues continuellement.

Arrêtons-nous ici où le recueillement envahit l'âme, où respirent la foi, la charité et l'espérance : l'enthousiasme n'est pas de mise devant l'adoration du Saint-Sépulcre ; là, des légions d'anges invisibles gravitent sans cesse jusqu'aux cieux comme en tournoyant, montant et descendant, ainsi qu'ils firent autrefois sur le Fils de l'Homme.

Dire tout ce que j'ai vu, tout ce que j'ai senti m'est impossible. L'admiration est un fardeau étourdissant quand on cherche à se rendre compte des merveilles qui s'offrent aux yeux et qui écrasent, pour ainsi dire, la pensée.

A la sacristie des R. P. Franciscains, j'ai regardé avec une louable curiosité les éperons dorés et l'épée de Godefroy de Bouillon, ainsi qu'une chaine de cuivre doré d'un chevalier de l'ordre de Saint-Jean de Jérusalem portant sur le médaillon la date de 1615. On sait qu'en 1610 le pape Paul V fusionna les ordres du Saint-Sépulcre et de Saint-Jean de Jérusalem, et ce dernier hérita de tous les biens de l'ordre supprimé. La pointe de l'épée du baron du Saint-Sépulcre a été émoussée avec intention, aucune arme ne devant pénétrer dans l'intérieur de l'édifice ; cette mutilation en fait un trophée inoffensif aux yeux des Musulmans.

Ce trésor d'objets précieux est un souvenir glorieux du roi et législateur de la Palestine, dont le nom, bravant l'oubli, sera célèbre d'âge en âge.

La chapelle de l'Apparition de Jésus à sa Mère est élevée sur l'antique demeure de Joseph d'Arimathie.

Au milieu de la nef de cette chapelle, est une pierre ronde où saint Macaire, évêque de Jérusalem, fit éprouver sur une dame dangereusement malade les croix retrouvées par sainte Hélène.

L'autel du côté droit renferme un fragment de la colonne où fut tourmenté Jésus chez Pilate, qui tenait à faire délivrer Barabbas. Il ne faut pas confondre cette colonne avec celle de la flagellation, qui est vénérée dans l'église de Sainte-Praxède de Rome et qui provient de chez Caïphe où Jésus fut conduit dans la nuit même de son arrestation.

Sous le déambulatorium de la grande coupole, près de la chapelle des Syriens, le sépulcre de la famille d'Arimathie a été découvert; on y voit une auge et une cavité en forme de *loculus* à l'instar des catacombes. Les Juifs n'employaient pas de sarcophages comme les Égyptiens, ils n'enterraient point comme les peuples modernes, ils se creusaient d'avance des lits de pierre ; on ne peut donc transporter un tombeau juif.

On sait que le vase qui avait servi à la dernière Cène, a disparu pour toujours.

La procession quotidienne, qui a lieu vers 4 heures de l'après-midi, part de cette chapelle. Les assistants ont un flambeau allumé à la main, comme symbole de leur foi, et rien n'est plus édifiant que de voir cette longue file de pèlerins disparaître, s'arrêter et repartir de nouveau sous ces voûtes sombres.

On passe près d'une pierre ronde, qui indique

l'endroit où Jésus apparut à Marie-Madeleine sous la forme d'un jardinier. Elle fut ainsi l'apôtre des apôtres, ayant annoncé la première la Résurrection du Christ.

Une tradition rapporte qu'elle vint mourir à la grotte de la Sainte-Beaume, qui se trouve entre Marseille, Aix et Toulon.

De là, on gagne la nef latérale formée de deux pilastres engagés dans les murs entre lesquels sont les restes des « arceaux de la Vierge ».

Dans l'ancienne construction ils formaient un côté du mur donnant sur la cour, qui se trouvait entre le Saint-Sépulcre et la basilique.

Modeste, au VIIe siècle, leur donna un appui d'une colonne centrale qui fut elle-même soutenue d'une autre colonne, au XIIe siècle, par les croisés.

De curieuses inscriptions sont appendues aux murs et les savants les déchiffrent en passant.

Une chapelle des Grecs porte l'empreinte des pieds du Christ, au-dessus desquels deux trous ronds ont été pratiqués ; en arrière est le lieu où l'on enferma Jésus avec les larrons, pendant les apprêts du drame sanglant qui allait se perpétrer.

Aux Grecs appartiennent les chapelles de saint Longin et du Couronnement d'épines.

Un escalier conduit à la chapelle souterraine

de sainte Hélène où fut retrouvée la vraie Croix.
Quatre colonnes monolithes cylindriques sup-
portent une coupole qui émerge dans la cour du
couvent des Abyssins (ancien cloître des croisés)
et situé sur la terrasse même, au-dessus de
l'église des Grecs.

A droite de l'autel du milieu, est un siège nacré
où le Patriarche arménien a coutume de s'as-
seoir en mémoire de la place même où se tenait
la vénérable mère de l'empereur Constantin
pendant les fouilles.

Du Cange nous apprend que dans le Bas-Em-
pire les mères des empereurs ont eu le titre de
Venerabilis, par la belle inscription qu'il rapporte :

*Piissimæ et Venerabili Dominæ nostræ Hele-
næ Augustæ, Matri Domini nostri Victoris
semper Augusti Constantini et aviæ Beatissi-
morum Dominorum Nostrorum Cesarum, Ordo
et Populus Neapolitanus.*

En descendant encore quelques marches, on
arrive à la roche nue. Une statue de bronze de
sainte Hélène embrassant la croix est un don de
l'archiduc d'Autriche, Ferdinand-Maximilien.
En face de ces touchants souvenirs, les pécheurs
les plus endurcis retournent chez eux pénétrés
de componction.

On sait que l'église Sainte-Croix de Jérusalem, dans la Ville éternelle, possède le titre de la croix, qui fut retrouvé dans cette partie de citerne abandonnée.

La légende hébraïque est fortement détériorée, la partie inférieure des lettres apparaît encore ; les légendes grecque et latine sont incomplètes.

Le nom du divin Sauveur exprimé par deux lettres manque, comme aussi on ne trouve pas après le mot roi, l'expression « des Juifs ».

b e v o n e p a z a n.....

e r s y n e r a z a n.....

qu'il faut lire de droite à gauche.

De là, on se dirige vers le rocher du Golgotha, en hébreu « Galad » ou du Calvaire. Cinq stations de la voie douloureuse sont à l'intérieur du Saint-Sépulcre.

Une mosaïque indique la place où Jésus fut dépouillé de ses vêtements ; l'autel du Crucifiement, aux Latins, marque l'endroit où Jésus fut cloué à la croix.

Aux Grecs appartient l'autel élevé sur le trou où fut plantée la croix ; une plaque d'argent de forme cylindrique permet d'y introduire la main. Les autels ont conservé la forme de la table soutenue par plusieurs pilastres, qui rappelle la sainte Cène, tandis qu'en Occident c'est la forme du tombeau qui a prévalu.

La célèbre fissure du rocher (Saint Matthieu, XXVII, 51) est indiquée par une plaque d'argent mobile vers la droite, elle se dirige vers le centre de la terre, coupant perpendiculairement les assises.

Tout ici est grave et porte l'esprit au recueillement et au profond respect ; l'âme s'isole des choses d'ici-bas, sous une religieuse impression, la foi médite et adore en silence.

Près de la pierre de l'onction, où le corps de Jésus fut déposé lors de la descente de croix et remis à sa mère, est un petit endroit retiré marqué d'une cage de fer et servant de support à quelques lampes. C'est là que, par esprit de pudeur, s'étaient retirées les saintes femmes. La Vierge, Marie-Madeleine, Marie mère de Jacques et de Joseph et la mère des fils de Zébédée. Les Apôtres s'étaient réfugiés au Cénacle en attendant les événements qui leur étaient promis.

Enfin Jésus est mis au sépulcre par Joseph d'Arimathie et Nicodème qui roulèrent une grosse pierre, masquant l'entrée de la chambre sépulcrale, comme il était d'usage antique.

L'ancien chœur des chanoines réguliers du Saint-Sépulcre sert d'église aux Grecs que l'on

reconnaît au port d'une barrette ronde et noire ;
ils s'obstinent à rester dans le schisme et ont
leur patriarche à Constantinople.

Une coupole s'élève au-dessus de quatre piliers
supportant des arcades en ogive.

Au milieu de la nef, est une coupe de marbre
dans laquelle est une boule clissée comme étant
le centre du monde.

Depuis 1808, les Grecs ont établi une grille à
l'entrée de leur chœur, les isolant des autres
confessions, en profitant alors de l'animosité qui
régnait entre la Turquie et la France à la suite
de la campagne de 1798-1799.

A cette même époque, les Grecs dispersèrent
les tombeaux de Godefroy de Bouillon et de
Beaudoin, afin de faire disparaître les preuves du
droit des Latins sur les lieux où ils étaient. En
cet endroit j'ai entendu les chants sacrés dont
l'effet étrange m'a vivement impressionné.

On prie sous ces voûtes dans toutes les
langues, et la pierre s'est creusée sous les pas des
pèlerins. Que d'âmes amantes de la douleur sont
venues ici et sont reparties réconfortées pour
toujours !

L'homme mûr se prosterne comme secoué
par une force invisible ; d'autres moins avancés
en âge viennent courber la tête sous le poids
d'une souffrance cachée. Que de pauvres âmes

trompées, trahies par ce monde qui ne sait offrir que de vains plaisirs, se sentent défaillir ! Une âme qui conserve encore un rayon de foi ne peut s'empêcher de frémir d'horreur en voyant la religion si indignement traitée.

CHAPITRE VII

Topographie. — Arculf. — Héraclius. — Adrien. —
Hérode. — Manassès. — Mur des Juifs. — Habitations
jébuzéennes. — Assises Salomonniennes. — Portes
Dorée, Sitti-Mariam, de Damas, de Sion. — La
Dormition. — Cénacle.

Les constructions de Jérusalem que nous
admirons de nos jours ont été reconstruites au
xvie siècle, par Soliman le Magnifique, le plus
célèbre parmi les sultans Ottomans et dont la
flotte fut alliée à celle de François Ier, roi de
France, contre Charles-Quint.

Le mur à créneaux d'une hauteur de 12 mètres
entoure la ville irrégulièrement sur un parcours
de cinq kilomètres, comprenant encore cin-
quante-quatre tours et sept portes.

La ville est divisée en quatre quartiers dis-
tincts, occupant chacun l'une des quatre collines
englobées :

Les Arméniens au sud, sur la partie orientale
de la montagne de Sion ;

Les Juifs sur la partie occidentale de la même
montagne, c'est l'ancienne cité ;

Les Chrétiens et les Grecs sur le mont Akra et autour du Saint-Sépulcre.

Les Musulmans sur la colline de Bézétha et autour de la mosquée d'Omar, sur le mont Moriah.

Les rues sont tortueuses avec d'innombrables impasses ; parfois elles sont recouvertes d'une voûte.

C'est la ville des souvenirs et des tombeaux vides. Le drapeau des Osmanlis flotte entre l'erreur et la vérité.

Les croisés relevèrent les fortifications qui avaient été démantelées par les guerres des Arabes, sous la conduite d'Omar et de Chosroës.

L'évêque français Arculf qui, en 690, fit le voyage de Jérusalem, avait compté quatre-vingt-quatre tours et six portes, ainsi qu'un très grand nombre de monuments à jamais disparus.

En 629, un événement important est à signaler, c'est l'entrée à Jérusalem d'Héraclius portant sur ses épaules la croix qu'il avait reprise au roi des Perses qui avaient enlevé la sainte relique quatorze ans plus tôt et que les Persans idolâtres appelaient le « Dieu des Chrétiens ». A Tauris, en Arménie, on montre les ruines d'un château où fut mis ce précieux dépôt. De là, « l'exaltation de la Croix ».

La ville changea de nom sous Adrien qui l'appela Ælia Capitolina.

Les païens, en haine du Christianisme, avaient bâti un temple à Vénus et élevé une statue à Jupiter sur les lieux mêmes du Calvaire, que sainte Hélène fit démolir. Pris par Titus, le Temple fut brûlé dans l'assaut, selon la prophétie de Notre-Seigneur. On ne laissa subsister que l'antique forteresse préservée des béliers en souvenir du siège. Hérode-Agrippa, recula les fortifications, enfermant au nord les collines de Bézétha d'une troisième enceinte de hautes murailles qui furent constamment relevées de leurs ruines. On sait qu'il y apporta les jeux romains, et fit élever un temple à Auguste, en même temps qu'il affectait aux tours greffées sur l'antique citadelle, les noms d'Hippicos, en souvenir de son ami, de Phasaël, son frère, et de Mariamme, sa femme ; à la tour Baris, au nord-ouest du Temple, celui d'Antonia, et à la tour nord-ouest de l'enceinte septentrionale, celui de Psephina.

De cette époque le Golgotha contribua à la formation intégrale de la ville. Son palais devint la demeure royale des rois latins : la porte de Jaffa est contiguë.

Le mur de la deuxième enceinte qui enveloppait au nord la nouvelle ville de David, toujours accessible de ce côté, formait une courbe de la forteresse antique à la forteresse Baris, à l'angle nord-ouest du parvis du Temple. C'est cette muraille qu'assiégèrent Pompée, Antiochus Eupator, Judas Machabée, les Ptolémées et Alexandre, et dont il reste de nombreux pans de mur.

Le mur des Juifs, situé à la partie sud-ouest de la terrasse du Temple, semble avoir été construit par le roi Manassès qui restaura le culte du Seigneur lors de son retour de captivité en Assyrie, vers la moitié du vII^e siècle avant l'ère chrétienne. Les assises inférieures reposant sur le sol sont d'énormes blocs bien jointoyés, mais peu parementés ; à l'angle du mur quelques blocs atteignent 2 ^{m} 80 de long sur 1 ^{m} 30 en retour et 1 ^{m} 20 de haut ; la partie centrale du mur est composée d'une maçonnerie turque, la partie supérieure est plus récente encore.

Chaque vendredi, les Israélites se rendent, de temps immémorial, à ce mur ; les uns lisent la Bible, seulement ils ne prononcent plus le nom de Jéhovah, ils le remplacent par le nom d'Adonaï (Seigneur) ; les autres, d'une voix nasillarde, récitent des versets du Livre des psaumes où se trouvent les traditions du peuple hébreu.

C'est un spectacle émouvant dont on ne peut

se rendre compte que sur les lieux mêmes. Là, le Juif revêtu d'une robe aux couleurs chatoyantes, coiffé d'un feutre ou d'une fourrure laissant s'échapper de longues mèches de cheveux sur les tempes, prie tourné vers l'enceinte du Temple, comme le musulman vers La Mecque, comme le catholique vers ses autels religieux.

La première enceinte de la ville des Jébuséens enveloppait le mont Sion, la vallée du Tyropéon et le plateau d'Ophel.

Vers 1860, au cimetière arménien, au sud du mont Sion, on a découvert un escalier taillé dans le roc vif remontant à cette époque reculée ; plus bas, des habitations de fellahs ont été pratiquées également dans le roc ; elles paraissent antérieures à la prise de la forteresse de David.

Ce sont là des débris immortels des premiers conquérants sous le paganisme et les juges d'Israël. En se dirigeant de là vers le mur méridional du Temple, une porte fermée aujourd'hui permettait de pénétrer dans les égouts qui règnent sous le mont Moriah, et qui appartenaient au système d'écoulement des eaux lesquelles avaient servi au nettoyage du parvis où se faisaient les sacrifices.

A l'angle sud-est, apparaissent les premières assises de ces magnifiques blocs que M. de

Saulcy fait remonter à Salomon, à la suite de fouilles pratiquées par la mission française.

Vers le tiers supérieur de la muraille, du côté d'Ophel, on remarque un arrachement qui devait appartenir à un pont, mettant en communication le Moriah avec Sion. Du reste on sait qu'un aqueduc passait en ce point et amenait les eaux des vasques de Salomon pour le service du Temple.

A l'est, sur la vallée du Cédron, est la porte Dorée qui porte l'empreinte de maintes restaurations à diverses époques. L'intérieur est un portique à six coupoles dont les arcs reposent sur une frise et sur deux colonnes centrales, et, à l'extérieur, est une double baie murée.

Pendant l'existence du royaume Latin, elle ne s'ouvrait que deux fois l'an, le jour des Rameaux et de l'exaltation de la Croix. Les Arabes ont muré les principales faces, parce qu'il existe une croyance d'après laquelle un conquérant chrétien doit entrer à nouveau par cette porte. Voilà un discours consolateur, toutefois quelle flotte victorieuse débarquera sur les côtes ?

Quel roi de l'Orient entrera en vainqueur dans Jérusalem à la tête de son armée ?

Des deux côtés les distances ont disparu. Aux croiseurs sous pression des flottes européennes répondent les armées de l'Orient qui s'aguerrissent.

Les rois mages de l'Orient venus à Bethléem le quatorzième jour après la naissance du Sauveur du monde, appartenaient à la Mésopotamie comme des enfants de la dynastie des Arsacides de Perse qui balança la puissance des Romains en Asie ; or, le courrier anglais met huit jours des bords du Jourdain à Bagdad.

La porte Sitti-Mariam ainsi nommée parce qu'elle conduit au tombeau de la Vierge et au mont des Oliviers, s'ouvre dans la muraille qui se prolonge vers le nord. De chaque côté de cette porte, deux lions affrontés rappellent les monnaies du sultan Ribars.

Au nord, on rencontre la porte de Damas, présentant dans ses assises inférieures un arc en plein cintre dont les claveaux accusent une idée de grandeur et sur lesquels le mur d'Hérode-Agrippa est venu prendre appui.

On pourrait y voir un ancien monument dont la position se rattache à un système de défense.

Non loin sont les cavernes royales qui furent exploitées par Salomon et où le prophète Jérémie composa ses lamentations sur les calamités qui ont affligé Jérusalem, lamentations qui se chantent à l'office des ténèbres de la semaine sainte.

La porte de Sion est dans une tour de l'enceinte de la ville ; une inscription dans le tympan porte la date de 947 de l'hégire.

A quelques pas de la porte, est l'emplacement de la maison de Caïphe, la prison du Christ, et l'endroit où saint Pierre renia son Maître. Dans la cour où le coq chanta sont actuellement les tombeaux des Patriarches arméniens de Jérusalem.

Ce fut encore là que saint Mathias fut élu après la perfidie et le désespoir de Judas Iscariote ; de là, on aperçoit le figuier-sycomore où il se donna la mort par strangulation, non loin du champ d'Acheldemach : les pierres du chemin semblent porter les stigmates du traître qui vendit son maître. Enfin c'est là que Jacques le Mineur fut nommé évêque de Jérusalem.

La Dormition est le lieu où la Vierge trépassa l'an 52, à l'âge de 67 ans ; on sait que les Juifs voulurent ravir son corps avant qu'il ne fût porté au flanc occidental du mont des Oliviers.

L'empereur Guillaume II, en prenant possession de ce terrain, s'est proposé d'y élever une église catholique ; des fouilles récentes ont mis à jour des substructions antiques.

Les cimetières des catholiques et des religieux de Terre-Sainte sont disséminés sur le plateau ;

comme dans nos cimetières de France le cyprès
mythologique et païen y remplace l'if séculaire
au feuillage funèbre.

Le Cénacle est aujourd'hui devenu une mosquée où l'on montre un cénotaphe élevé à la
mémoire de David : en lui, le cours de la vie admirable, la candeur du berger, le courage de
l'homme de guerre, la splendeur du roi, l'inspiration du prophète et l'enthousiasme du psal-
miste, tous ces magnifiques fleurons d'une
éternelle couronne émerveillent nos souvenirs.
Les Musulmans s'appuient sur un verset de
l'Ancien Testament dans lequel on lit au livre de
Néhémias, qui est le second d'Esdras (iii, v. 16) :
« Néhémias, fils d'Azboc, capitaine de la
« moitié de Bethléem, bâtit proche de Sel-
« lum, jusque vis-à-vis du sépulcre de David,
« jusqu'à la piscine qui avait été bâtie avec
« grand travail et jusqu'à la maison des forts. »
Les catholiques se rappelleront qu'au rez-de-
chaussée est le lieu où fut rôti l'agneau pascal
et chauffée l'eau avec laquelle Jésus lava les
pieds des Apôtres. C'est au premier étage,
où, le Jeudi-Saint, Jésus fit la Cène, que Léo-
nard de Vinci a immortalisée par son pin-
ceau et dont la table authentique est à Rome ;
là, eurent lieu aussi la descente du Saint-

Esprit et l'apparition de Jésus à saint Thomas.

De ce point, on jouit d'un beau coup d'œil mêlé de mélancolie sur la vallée du Gué-Hinnon, qui renferme un lieu d'horreur du paganisme, appelé « Tophet », où les Moabites offraient leurs propres enfants en sacrifice au Dieu Moloch; le soir, on croit encore entendre l'âme de ces victimes errer sous la brise qui vient s'éteindre dans les anfractuosités du roc.

———————

CHAPITRE VIII

Terrain du Haram-Esch-Chérif. — Temple de Salomon.
— Temple de Zorobabel. — Restauration d'Hérode-
Agrippa. — Sac de Jérusalem, par Titus. — Bâtiments
affectés aux prêtres et aux vierges.

Salomon, en construisant le Temple au
xe siècle avant notre ère, où 200.000 Israélites et
Tyriens furent employés pendant 7 ans que du-
rèrent les travaux, porta la gloire de son nom
jusqu'aux extrémités de la terre. Le rocher « Es-
Sakhra », qui est le centre de la mosquée actuelle,
remonte aux temps les plus reculés. Le culte
consistait en sacrifices sur le grand autel des
holocaustes. Sédecias, dernier roi de Juda, dé-
trôné, en 588, par Nabuchodonosor, roi de Babylone, réduisit en esclavage la population de
Jérusalem et ruina le Temple qui brillait par la
richesse des matériaux et l'éclat des ornements.

Ce Temple ne contenait que des figures ou
symboles, présage de la grande basilique constantinienne.

Reconstruit par Zorobabel, à qui l'édit de
Cyrus en 536 permettait de ramener les Hébreux captifs depuis 70 ans sur les bords de

l'Euphrate, il fut loin d'atteindre la magnificence du premier.

Pris de nouveau par Pompée, en 63, et par Hérode, en 39, il est définitivement restauré par Agrippa ; c'était un édifice grandiose auquel on travaillait encore du temps de Jésus-Christ.

Titus, alors général en chef de l'armée de la Judée, s'en empara le huitième jour de septembre de la deuxième année de Vespasien.

Je n'entrerai dans l'historique de ce siège que pour rappeler les positions des belligérants.

Titus occupa d'abord le mont Scopus, qui est, au nord, le prolongement du mont des Oliviers, puis les collines de Bézetha, à l'intérieur de la ville. Les Juifs occupaient la tour Antonia et les forts détachés en avant du monument d'Alexandre. Simon, qui les commandait, après avoir assisté au triomphe du Capitole, eut la tête tranchée à la prison Mamertine, célèbre par la détention de Jugurtha vaincu par Marius, de Vercingétorix vaincu par César, de saint Pierre et saint Paul sous Néron, avant d'aller au martyre.

Aujourd'hui il ne reste rien de ce dernier Temple, du palais de Salomon et des vastes bâtiments qui s'élevaient sur le parvis et qui étaient destinés aux prêtres et aux vierges, employés au service du Temple. Dans l'*Exode* et dans le premier livre des *Rois*, il est fait mention de femmes qui veillaient à la porte des tabernacles.

Dans le 4ᵉ livre, on lit que Josabeth, femme du grand prêtre Joad, sœur du roi Ochosias, sauva de la fureur de l'impie Athalie l'enfant Joas et qu'elle le cacha avec sa nourrice dans le Temple.

Dans le second livre des *Macchabées*, il est aussi fait mention de quelques vierges qui étaient renfermées dans le Temple.

Que la Vierge Marie ait habité le temple ou qu'elle ait continué à vivre avec sainte Anne et saint Joachim, il est indubitable qu'elle se consacra au Seigneur et que Dieu prépara lui-même cette âme et ce cœur qui devait être le trône de son divin Fils.

Parmi les merveilles arrivées lors de la Présentation de Jésus au Temple, on peut citer le vieillard Siméon dont le tombeau est en grande vénération parmi les Musulmans.

C'était un homme juste et craignant Dieu ; dès qu'il vit l'Enfant Jésus, il s'en approcha, le prit dans ses bras, et, plein de joie, chanta un cantique qui est parvenu jusqu'à nous.

Une veuve nommée Anne, de grande vieillesse, qui, depuis longtemps, faisait sa demeure dans le temple, fut éclairée d'une lumière prophétique en reconnaissant le Sauveur du monde.

Une tradition qui a pris une certaine fixité chez les Juifs est que l'Arche d'alliance contenant les tables de la loi, la verge d'Aaron et de la manne serait enfouie dans une caverne secrète et impénétrable du mont Nébo.

CHAPITRE IX

Six cents ans nous séparent de la destruction
du Temple, sur l'emplacement duquel l'empereur Adrien fit élever des statues et un temple à
Jupiter. Le sultan Abd-El-Maleck y fit construire
une mosquée en souvenir de la prise de Jérusalem par Omar en 634, et son tombeau est à
Médine, auprès de celui de Mahomet.

C'est le lieu le plus sacré pour les Musulmans après La Mecque ; c'est en effet la plus
riche mosquée de l'Orient : le cuivre, l'or, les
mosaïques sont en profusion. On n'y voit pas de
sculptures, ni de peintures proscrites par le
Coran. Le Mirah, ou niche que l'on remarque
dans toutes les mosquées, représente la Caaba de
La Mecque qui est le point unique de direction
sur lequel doivent s'orienter les prières de tous
les Musulmans.

Sous le rocher qui a servi à Jacob à reposer
sa tête, est une grotte où le guide montre des
niches dans lesquelles se seraient prosternés
« Abraham, David, Salomon et Mahomet ».

A l'intérieur de la mosquée, sont deux rangées concentriques de colonnes supportant un dôme qui est une copie de celui du Saint-Sépulcre.

La lumière, tamisée par des vitraux de couleur, produit un effet saisissant. Parmi les curiosités que montre le guide, on peut signaler à l'attention des visiteurs, le tombeau de Salomon, le Coran en plusieurs gros volumes, l'empreinte d'un pied du Prophète, ainsi qu'une plaque de jaspe dans laquelle Mahomet a enfoncé plusieurs clous, puis la bannière d'Omar et le bouclier de Hamza, de style persan.

La mosquée El-Aksa, qui est voisine, était une basilique à sept nefs, en l'honneur de la Sainte Vierge, élevée par Justinien et dont il ne reste de nos jours que peu de chose par suite d'un tremblement de terre au VIIIe siècle. Les Arabes ont composé un ensemble hétérogène par leurs ouvriers grecs et ont imité les Byzantins en couvrant les murs de mosaïques.

La mosaïque de la coupole est due à Saladin. L'arc en fer à cheval est de leur invention et a été un motif de profusion d'arabesques dans les décors.

A l'ouest de cette mosquée, est la salle dite des chevaliers du Temple ; c'est une longue galerie double à voûtes en ogive.

Un vaste souterrain, dit « Écuries de Salomon », se compose d'une centaine de colonnes ; les croisés y séjournèrent ; on remarque un grand nombre d'anneaux creusés dans les arêtes, ainsi que des mangeoires taillées dans le roc au niveau du sol.

Les Musulmans forment un vaste empire qui s'est créé par la violence et l'amour des plaisirs. En effet, Mahomet a établi sa religion en lâchant la bride aux passions, en égorgeant ceux qui refusaient de l'embrasser, tandis que les Apôtres ont établi la religion chrétienne en mettant un frein à toutes les passions et en se laissant égorger.

Il n'y a rien que de naturel d'un côté et tout est manifestement divin de l'autre.

CHAPITRE X

Après avoir donné les premiers jours au recueillement et à la prière, nous nous disposâmes à quelques excursions. Les collines environnant Jérusalem ont changé de face et d'aspect, la civilisation y dispute le terrain pied à pied au chemin de fer apportant une nouvelle activité.

Partout ce sont de nouvelles constructions entourées de jardins cultivés de vignes ; puis ce sont des vergers d'oliviers, de mûriers aux flancs des roches nues. Dans certains vallons, il y a quelques richesses agricoles ; le blé et l'orge y viennent en abondance ; au loin des bergers mènent paître des troupeaux de chèvres à longs poils vers les pentes des montagnes où elles trouvent à brouter les feuilles d'arbrisseaux rabougris ; des buffles à la robe sombre, au front aplati mais aux cornes menaçantes, ruminent au milieu d'immenses marécages à moitié desséchés ; près de vous, des groupes de moutons à large queue paissent l'herbe des prairies qui reverdissent la nuit sous l'action de la rosée.

On foule tout un monde archéologique, des débris de sculptures dont la plupart ont été cassées par des ouvriers acharnés à leur œuvre de destruction ; des ruines appartenant à des époques diverses et sur lesquelles le regard cherche à scruter les mystères du passé ! Ici, des voûtes souterraines, des pans de murs gothiques ou byzantins ; des fragments dispersés de mosaïques, des tronçons de colonnes, et des ouvertures de chambres sépulcrales.

Partout des monuments imposants de toutes confessions s'élèvent sur des substructions où la main de l'homme a promené la dévastation avec une haine habile.

Où les générations ont passé, d'autres descendances continueront le souvenir des siècles, tant il est vrai que Jérusalem est la terre où les peuples viennent se régénérer par une force invisible.

Certaines excursions ne peuvent se faire qu'au moyen d'une monture douce. En divers endroits stationnent des ânes, harnachés avec de grosses selles de maroquin rouge. Les dames s'en servent crânement, quoiqu'il ne soit pas toujours agréable de montrer son peu de goût pour l'équitation.

Bien souvent, dans nos promenades, nous dûmes nous entr'aider mutuellement, de là naissait parfois une idylle charmante.

Un désagrément qui inspire une certaine répugnance, est la multitude de gens qui vous importunent de leurs assiduités tenaces pour vous demander l'aumône, et dont vous ne pouvez vous délivrer qu'au moyen d'un bachich ou petite pièce de monnaie.

En France, le malheureux se lasse-t-il de nous tendre la main au passage ; ne recommence-t-il pas sans cesse jusqu'à ce qu'il ait obtenu la pièce de métal frappée au coin d'un prince ou d'une déesse qui doit le soutenir avec les siens ?

J'ai parfois admiré son silence devant l'indifférence, comme souvent j'ai été touché de sa gratitude.

Les 7 et 8 mai, il tomba une pluie fine sur la ville sainte ; ces sortes d'orages entraînent les ordures des rues que la municipalité turque paraît négliger ; le soir, nous dûmes ne pas nous exposer à la fraîcheur. Les jours suivants, le vent du sud reprit avec plus de force et les Musulmans l'appellent « kamsin », parce qu'il souffle pendant cinquante jours après Pâques.

CHAPITRE XI

Bethléem. — Authenticité du sanctuaire. — Généalogie. — Grotte du lait. — Village des Pasteurs. — Bethléémites. — Tombeau de Rachel.

On traverse la plaine de Raphaïm ; le pays offre un aspect aride et rocailleux.

La route carrossable suit une partie de l'ancien chemin des caravanes lors de la naissance du Sauveur du monde. La ville s'étage sur le versant calcaire d'une colline entourée de vallons ; le monastère s'élève sur un mamelon en dehors des limites du pays. Un poste turc veille à l'entrée du lieu saint, depuis les troubles qui ont amené la guerre turco-russe : un soldat est en faction à l'endroit où l'étoile disparut au regard des mages, à l'intérieur même de la basilique.

Dans la salle de réception, nous considérons attentivement quelques portraits à l'huile, don de la famille impériale d'Autriche ; on sait, en effet, que parmi les titres de ce souverain, figure celui de Roi de Jérusalem, alors que les princes français ont porté la couronne et ont laissé une réputation de foi et de bravoure. Les portraits de l'empereur Maximilien et de l'impératrice Charlotte rappellent une page sombre du Mexique, puis paraissent ceux de Charles d'Anjou, roi de Jérusalem, et de la reine Béatrice de Provence.

L'authenticité du sanctuaire ne saurait être mise en doute ; les premiers chrétiens construisirent une chapelle ; l'empereur Adrien y fit élever un temple païen ; sainte Hélène y fit disposer la crypte.

La basilique, relevée par Justinien sur le plan des basiliques romaines, en présente le caractère distinctif ; la nef du milieu est plus haute que les latérales, formées de 44 colonnes monolithes en calcaire rougeâtre. Des fragments de mosaïques dorées apparaissent au-dessus des architraves.

Cette nef appartient aux Grecs et aux Arméniens, qui seuls ont le droit de célébrer leurs offices.

Un mur sépare le chœur, ou saint des saints, où de nombreux œufs d'autruche figurent comme ex-voto, spécialement attribués à tous les peuples de l'Orient, car nous les remarquons aussi dans les mosquées. Ils rappellent ces ex-voto naïfs des anciennes croyances du moyen âge qui avaient cours en France, entre autres, cet usage des nobles d'attacher un fer à cheval à la porte d'une église consacrée à saint Martin, invoquant ainsi son assistance contre les périls et les hasards qui les attendaient dans une longue expédition.

Sous le chœur, se trouve la grotte de la Nativité, marquée d'une étoile d'argent : *Hic de Virgine Maria Jesus Christus natus est.*

Quinze lampes d'or et d'argent y sont entretenues par les Grecs, les Arméniens et les Latins. Des fragments de fresques attribuées aux croisés sont encore visibles sur le roc.

Une tenture en amiante offerte par le maréchal de Mac-Mahon couvre la roche naturelle, tandis que le sol est revêtu de marbre.

L'ardent désir qu'avait la Vierge Marie de mettre au monde le Sauveur des hommes ne devait s'accomplir qu'à Bethléem, selon la prophétie de Michée ; or on sait qu'il arriva que Joseph et Marie, obéissant aux ordres de Cyrinus, gouverneur de la Syrie, au nom de César-Auguste qui avait prescrit un dénombrement des habitants, durent traverser les montagnes de la Samarie et aller se faire inscrire à Bethléem, comme étant de la maison et de la famille de David.

La crèche de Notre-Seigneur ne devait être, en cette grotte, qu'en argile, car les mangeoires d'animaux domestiques, en Palestine, sont encore de nos jours en pierre ou en terre durcie au soleil, le bois étant rare. Les reliques, consistant en menu bois provenant de la crèche à Sainte-Marie-Majeure de Rome, faisaient partie, sans doute, d'ornements du berceau de l'Enfant Jésus.

Tel fut le berceau de cet enfant divin qui n'a pas voulu naître dans l'état de gloire et de splendeur où il paraîtra plus tard sur le sommet du Thabor, ni dans l'éclat de sa Résurrection ou de son Ascension triomphale. On y éprouve un de ces contentements ineffables qui font tressaillir l'âme et la remplissent d'une douce espérance.

Un escalier se dirige vers l'oratoire de la crèche ; un berceau de marbre indique la place où Marie coucha l'Enfant Jésus lorsqu'il fut adoré d'abord des anges, puis des bergers et des Mages arrivés, le quatorzième jour, des contrées de l'Orient.

C'est en vain que vous chercherez à retenir de douces larmes devant le drame naïf dont le roc est chargé et que votre esprit évoque pieusement.

Il me semble bon de rappeler la généalogie de Joseph et de Marie, comme il en est coutume dans notre noblesse.

Saint Joseph descend de David, ancêtre de Jacob, lequel engendra Joseph, époux de Marie de qui est né Jésus appelé Christ (Matth., 1, 16);

il se rattache à Nathan, ancêtre de Joachim, père de Marie et aïeul de Jésus qui passait pour le fils de Joseph, descendant d'Hélie (Luc, III, 23).

La Vierge Marie descendait par sa mère, sainte Anne, de la race d'Aaron (S. Luc, I, 36), et par son père, saint Joachim, de la tribu de Juda et de la famille de David.

Ces deux généalogies ont le même point de départ depuis l'origine jusqu'à David, souche qui se divise en deux branches : la branche aînée de Salomon, d'une part, et la branche cadette de Nathan, d'autre part.

Joseph, en épousant la fille de Joachim, adoptait pour ancêtres les aïeux de son auguste Épouse et doublait ainsi l'illustration de sa race.

Le sceptre était tombé des mains des rois de Juda, tant les grandeurs humaines sont peu de chose aux yeux du Très-Haut, et un descendant, nouveau patriarche, naît pour remplir une mission sans égale dans le monde.

Ainsi, l'arbre de Jessé se greffa à nouveau pour porter des fruits par le Christ jusqu'à la fin des siècles.

On visite des grottes disséminées aux alentours, où des autels ont été dressés en souvenir de saint Joseph ; en ce lieu il reçut de l'un des sept esprits qui se tiennent devant le trône de Dieu, l'ordre de se diriger vers l'Égypte.

Puis, les chapelles des saints Innocents qui furent massacrés par les hordes non disciplinées d'Hérode, habitué à étouffer les conspirations dans le sang ; la douleur étant inséparable de l'humanité ;

L'oratoire de saint Jérôme, qui fut un génie élevé et un érudit profond ;

Enfin, les tombeaux des saintes Paule et Eustochie, sa fille, qui construisirent en Palestine plusieurs monastères des deux sexes pour recevoir les pèlerins, monastères qui furent brûlés par les Pélasgiens.

Le lieu de la réapparition de l'étoile aux Mages et l'endroit où elle disparut appartiennent aux Grecs. L'étoile des Mages est tellement miraculeuse et l'intelligence qui présidait à sa marche est si clairement attestée dans les Écritures que les Docteurs de l'Église ont pensé que c'était un ange revêtu d'un corps lumineux.

On visite la chapelle où Jésus fut circoncis le huitième jour d'après la loi de Moïse, jour où il reçut le nom que l'ange avait donné dès avant sa conception. On ignore le nom du célébrant dans la circonstance.

On sait que les Juifs, dispersés sur la surface

de la terre, ont conservé la circoncision comme un acte de foi (Genèse, xviii, 10).

Les Musulmans de leur côté, en ont fait un précepte. Une ordonnance royale du 25 mai 1845 décrète que les fonctions d'opérateur seront exercées avec l'autorisation du consistoire de la circonscription.

L'usage des instruments métalliques qui, de nos jours, remplacent les instruments de silex (Josué, v, 2) semble remonter aux prescriptions du Talmud.

A mi-côte de la colline, est la grotte du lait où les habitants, à quelque rite qu'ils appartiennent, viennent vénérer une pierre qui a la vertu de procurer du lait aux nourrices ; une tradition rapporte que quelques gouttes de lait de la Vierge tombèrent sur cette pierre et se répandirent comme une bonne odeur, ainsi que les fleurs parfument les airs. En continuant le chemin, on arrive au village des Pasteurs, où des chants inconnus retentirent du plus haut des cieux : « Gloire à Dieu et paix sur la terre », puis au champ de Booz à qui Ruth la Moabite donna un fils, Obed, qui fut le grand-père de David.

Les Latins desservent l'église paroissiale dédiée à sainte Catherine, qui est attenante à la basilique.

Pendant mon court séjour ici, j'avais remarqué, près du chœur, un essaim de jeunes filles
catholiques en prière, au visage nu, à la peau
blanche et conservant un noble maintien sous
un voile de toile fine de la plus grande blan-
cheur dont elles s'enveloppent royalement.
Elles ont le sourire de nos élégantes et je n'ai
pu m'empêcher d'admirer leur bonne grâce
charmante sous des regards honnêtes.

Les femmes mariées du pays se distinguent
par une coiffure élevée et un collier de monnaies
retombant sur la poitrine.

Le travail manuel consiste dans la confection
de chapelets, d'objets en nacre ou en bois
d'olivier.

Dans la plaine, au loin, une petite mosquée
attire l'attention. C'est le tombeau de la fille de
Laban, deuxième épouse de Jacob, de la belle
Rachel, mère de Joseph, ministre d'un Pharaon,
et de Benjamin auquel elle donna le jour en
expirant.

CHAPITRE XII

Saint-Jean dans la montagne. — Visitation. — Nativité.
— Orphelinat des Dames de Sion. — Tombe du R. P. de
Ratisbonne. — Hébron. — Vasques de Salomon.

Saint-Jean est situé à mi-chemin et sur la
droite de Jérusalem à Bethléem ; une route carrossable permet de s'y rendre en voiture.

Le sanctuaire de la Visitation occupe l'emplacement de la maison de campagne du saint
prêtre Zacharie, de la famille d'Abia, l'une des
vingt-quatre que composaient les enfants d'Aaron et ainsi divisés afin qu'ils exerçassent tour
à tour dans le temple les fonctions sacerdotales.
C'est là que la glorieuse Vierge, ayant appris de
l'ange Gabriel que sa cousine Élisabeth était
dans le sixième mois de sa grossesse, vint saluer
le précurseur de son divin Fils. L'admirable
cantique du *Magnificat*, où la voix de l'humble
Vierge s'élève jusqu'à la grande voix de Dieu
même, fut composé dans cette circonstance et
fait partie des chants liturgiques de l'Église
catholique.

La chapelle dédiée au *Magnificat* a été

reconstruite en 1860 ; quelques murs, derniers vestiges d'un temple des croisés, montrent des assises sur lesquelles des croix et des lettres incuses ont été gravées pendant leur séjour. On fait voir la pierre qui se fendit par le milieu pour soustraire l'enfant au massacre général des saints Innocents.

La grotte de la Nativité de saint Jean-Baptiste est dans l'église des Franciscains, dont le monastère ressemble à une forteresse par sa masse imposante. C'est en ce lieu que Zacharie recouvra l'usage de la parole alors qu'il écrivait : « *Johannes est nomen ejus* ». Jean signifie « plein de grâces ».

Les grands peintres tels que Sandro Botticelli, Raphaël, André del Sarte, de la Renaissance, comme nos peintres modernes ont commis un anachronisme en représentant saint Jean près de l'Enfant Jésus, comme un jeune garçonnet, alors que les Écritures accusent six mois de plus au précurseur, qui fut en même temps le dernier prophète et reçut le premier le surnom de *Baptiste*. (Marc, 1, 3 ; Jean, 1, 26).

L'orphelinat des Dames de Sion s'élève sur un mamelon isolé, entre les deux sanctuaires dont je viens de parler. Une quarantaine de jeunes filles entonnèrent, en notre présence, quelques hymnes, dans un recueillement digne d'éloge.

Un pavillon fut longtemps la résidence du R. P. Marie-Alphonse de Ratisbonne, converti du judaïsme au catholicisme par l'apparition de la Sainte Vierge à Rome, dans l'église de Saint-André delle Fratte. On montre sa chambre et le lit de fer dans lequel il décéda, le 6 mai 1884.

Son portrait à la figure pâle, encadrée d'une barbe noire, respire une expression de dignité sereine, énergique et douce à la fois.

Ses restes reposent dans un angle du jardin, où une pierre horizontale surmontée d'une statue de la Vierge attire l'attention du voyageur : *Pie Jesu.*

Les vasques de Salomon sont à quinze kilomètres au sud de Jérusalem. Trois immenses réservoirs, creusés dans le roc vif, se déversent l'un dans l'autre. Une source, célèbre dans le Cantique des cantiques, sous le nom de « Fontaine scellée, *fons signatus* », semble alimenter d'eau ces bassins. Un canal formé de gros blocs de tuyaux en terre cuite a son origine aux vasques et se dirige, en suivant une série de versants, vers Jérusalem. On sait qu'un aqueduc franchissait la vallée de Tyropeon et amenait l'eau pour le service du Temple ; les habitants ne se servaient que de l'eau des citernes pour leur usage.

Une forteresse, œuvre de Soliman au xvie siècle, s'élève près de la fontaine scellée et est
inhabitable ; elle paraît abandonnée aux hiboux
et aux scorpions. Un nid de frelons me rappela
qu'ils furent autrefois les alliés des Hébreux
entrant dans la Terre promise en poursuivant les
Hévéens, les Chananéens et les Hétéens.

Une tradition se rapporte à la vallée de
Ouadi-Ourthas, qui serait considérée comme
le jardin fermé *(hortus conclusus)* de Salomon, auquel il compare l'épouse des Cantiques
(IV, 12-16).

Le sol est bien cultivé, les orangers, les
oliviers et les céréales y poussent avec vigueur.

Hébron est à vingt-cinq kilomètres au sud de
Jérusalem. La mosquée renferme les tombeaux
en grande vénération des Musulmans, d'Abraham, Isaac et Jacob, Sarah, Rebecca et Lia ensevelis dans la caverne de Makpelack, achetée par
le père de la nation juive comme le rapporte la
Genèse (XVIII, 9).

Le Haram est construit extérieurement de gros
blocs remontant à David, qui régna sept ans à
Hébron.

Cette mosquée n'est accessible qu'aux Arabes
qui se glorifient de descendre d'Abraham par
Ismaël.

A Hebron, on fait le commerce des outres en peaux de veau ou de mouton auxquels on conserve le cou et les tronçons des quatre pattes.

CHAPITRE XIII

De Jérusalem à la Mer Morte. — Jéricho. — Pierres du Témoignage. — Le Jourdain. — Couvent de Saint-Jean-Baptiste. — Mer Morte. — Fontaine d'Elisée. — Couvent de Jean Koziba. — Béthanie. — Siloé.

Une route carrossable rend facile l'excursion au Jourdain par Jéricho.

Après une suite de vallées désertes où le sol est fortement argileux, on arrive au col du « Kan Hatrour », dominé par un château moyen âge et destiné à protéger la route.

La Jéricho moderne se compose d'un hospice russe, de diverses hôtelleries et d'une église grecque.

Il ne reste rien de la grande cité élevée par Hérode ; il mourut en se faisant inhumer à Hérodium et ne dut le nom de Grand qu'aux monuments magnifiques dont il embellit la Judée.

Les ruines couvrent les substructions du palais d'hiver d'Hérode ; un étang dit de Moïse, dont les murs sont en pierres non équarries, est peut-être un reste de l'étang qu'Hérode fit creuser dans le voisinage de la ville ; un aqueduc aux arcades en ogive annonce un système d'irrigation qui faisait de cette contrée un séjour délicieux.

Les armées de Titus saccagèrent la ville qui s'élevait non loin de la Jéricho des Jebuzéens, prise par Josué. De ce point au cours du fleuve on compte deux heures de marche ; à mi-chemin, est l'ancienne Galgala de Josué, où les Hébreux élevèrent douze pierres du lit du Jourdain, en souvenir de leur passage.

Le prototype de nos dolmens ne serait-il pas ces autels hébraïques de la Palestine, tels que celui de Josué et de tant d'autres cités dans les Ecritures ?

Il est impossible, en effet, de ne pas être frappé du caractère de ressemblance que présentent ces pierres dites du « Témoignage » et nos monuments mégalithiques. On peut conclure que l'analogie entre les monuments celtiques et les monuments des anciens peuples orientaux paraît un fait incontestable.

J'ai admiré le lit tourmenté du fleuve biblique dont les eaux claires, limpides, transparentes, tièdes au toucher, coulent avec des reflets bleus sous un soleil ardent, entre des rives de tamaris, vers un gouffre sans issue connue. On peut rapporter de l'eau du Jourdain, mais il faut avoir soin de la faire bouillir à cause des végétaux qui croissent sur les couches de sable.

Le couvent de Saint-Jean-Baptiste reçoit les Grecs et les Russes qui viennent se plonger dans le Jourdain, en face de l'endroit du Baptême de Notre-Seigneur.

Un élégant bateau est mis au service des voyageurs ; la largeur du fleuve est de 3o mètres environ.

Une tradition rapporte que c'est ici que saint Christophe, martyrisé en Lycie, aurait un jour porté l'Enfant Jésus sur ses épaules pour le passage du gué, ce qui explique ces statues gigantesques à l'entrée de certaines églises.

La mer Morte ne remplace pas la pentapole du Jourdain, formée des cinq villes de Sodome, Gomorrhe, Séboïm, Ségor et Adama, qui étaient sur ses bords et furent consumées par un feu du ciel à cause de l'impudicité de leurs habitants. Des découvertes récentes ont permis de juger de leur emplacement. On a identifié de nos jours le village de Tell-Damiyé à la ville d'Adom mentionnée par Josué (III, 16). Les géologues font remonter la mer Morte aux premiers âges et la vallée du Jourdain n'a jamais été en communication avec la mer Rouge ; les hauteurs qui s'élèvent, en effet, au sud de la mer Morte, rendent cette hypothèse impossible. La chaleur tropicale seule explique l'évaporation des eaux du Jourdain. Les savants de l'antiquité jugeaient les hauteurs des montagnes par leur aspect ; aujourd'hui, les hommes de science jugent à l'aide du baromètre.

Or, d'après ces derniers, les collines des environs de Jérusalem étant élevées à plus de 700 mètres au-dessus du niveau de la mer, sont considérées comme de grandes hauteurs, d'où il s'en suit qu'une montagne de 600 mètres des bords de la mer Morte, qui elle-même est à plus de 400 mètres *au-dessous* du niveau de la Méditerranée, n'est plus qu'un mamelon de 150 mètres, et une montagne de 300 mètres devient par cela même un gouffre qui a une dépression de plus de 100 mètres *au-dessous* du même niveau.

Caïn dut errer à l'aventure dans cette région, sous le poids de violents remords de son crime. Peut-être dans une vision extraordinaire entrevit-il les pentes du Golgotha.

Le Talmud rapporte, comme une tradition biblique, que le crâne d'Adam fut déposé au Golgotha par Noé à la sortie de l'arche. Golgotha signifie en langue hébraïque « crâne ».

Il en est de cette légende comme il en est du tombeau d'Ève en grande vénération à Djeddah, port de La Mecque ; or, à cette époque, cette contrée était sous les eaux.

La fontaine d'Élisée ou du Roi est une source

abondante, entourée d'un mur de pierres de taille ; le sol est couvert de broussailles spinifères, le *solanum sanctum*, produit la pomme dite de « Sodome ».

Une tradition place au mont Karantal la tentation et le jeûne de Notre-Seigneur.

Au flanc du rocher est un couvent grec dont l'ascension est pénible. Ce couvent, fondé par Jean Koziba, est d'un pittoresque original ; on y accède au moyen d'une échelle de corde ; un fil de fer permet de puiser de l'eau au torrent. C'est un lieu affreux qui semble dénué de tout. On rencontre encore de ces couvents à Saint-Sabas et chez les Coptes d'Égypte en remontant le Nil.

Le retour sur Jérusalem peut s'effectuer par la fontaine des Apôtres, à 3 kilomètres de Béthanie ; elle paraît être identifiée à la fontaine du Soleil, mentionnée dans Josué (xv, 7). La coupole tombe en ruines.

Béthanie, à 1 kilomètre de Jérusalem, était la demeure des deux sœurs Marthe et Marie-Madeleine et de Lazare, leur frère ; leur maison était toujours ouverte à Jésus et à ses disciples, ainsi que celle de Simon le Lépreux.

Les catholiques ont pratiqué un escalier d'une trentaine de marches, permettant l'accès du tombeau de Lazare qui se trouve sous une mosquée ; Jésus rendit dans la circonstance un frère à ses sœurs, comme il avait ressuscité le fils de la veuve de Naïm et la fille de Jaïre, c'est-à-dire, en rendant une fille à son père.

Sur le plateau, est la « pierre du Repos » qui marque l'endroit où Notre-Seigneur monta à âne pour se diriger vers la ville, où l'attendait le triomphe prédit par Zacharie. Quelle antithèse entre l'entrée triomphale de Jésus à Jérusalem, cinq jours avant sa mort ! Sur cette ville il versa des larmes ! Il lui rappelle tendrement ce qu'il a fait pour la sauver et lui annonce ses derniers malheurs, et il entrevoit le Golgotha où il expirera entre le ciel et la terre !

Cette pensée est bien propre à faire fructifier les semences que la piété a jetées dans le cœur.

Le mont du Scandale prolonge au sud le mont des Oliviers, dont le flanc recèle un misérable village et dont les grottes d'un cimetière antique servent d'étables. A l'extrémité du village, est un banc de rocher faisant partie de l'ancienne Zohéleth des Écritures.

CHAPITRE XIV

Mont des Oliviers. — Ordre des Franciscains. — Eglise de l'Assomption. — Grotte de l'Agonie. — Gethsémani. — Mosquée de l'Ascension. — Les Carmélites. — Le *Pater*. — Le *Credo*.

De ma fenêtre de Casa-Nova, où nous recevons l'hospitalité des R. P. Franciscains, j'aperçois le dôme du Saint-Sépulcre et le mont des Oliviers. Le R. Père qui remplit près de nous la tâche de cicerone veut bien me nommer tous les points du panorama qui se déroule à mes yeux, C'est un homme, doublé d'un savant, qui me paraît d'une grande énergie : son tact et sa connaissance du cœur humain le font rechercher parmi les serviteurs de Dieu.

Interprète des sentiments unanimes de notre caravane, je suis heureux de lui exprimer ici notre gratitude pour l'obligeance toute généreuse qu'il a déployée envers nous tous.

Ce témoignage laudatif est unanime et doit se reporter sur l'ordre tout entier des Franciscains, ces hommes qui trouvent plus de gloire dans la pauvreté que dans la possession des biens et des honneurs du monde et d'où sont sortis des personnages illustres. Aucune persécution, depuis sept siècles, ne leur a fait quitter le Saint-Sépulcre, qu'une nuée mystérieuse semble envelopper chaque soir, comme la voûte des cieux enveloppe le monde entier.

Le mont des Oliviers est resté dans une certaine affliction et paraît être réservé pour un triomphe final : on comprend que les peuples y viennent respirer l'air naturel de l'humanité.

On y voit les Lieux où saint Pierre, saint Jean et saint Jacques s'endormirent sur une roche inclinée, près de l'endroit où Judas osa donner un honteux baiser au Christ pour 3o sicles d'argent (48 fr. 6o de notre monnaie) ; puis l'endroit où saint Pierre coupa l'oreille à Malchus, montrant dans la circonstance un caractère qui tient du soldat défendant son maître.

Enfin on remarque le petit monticule où la Vierge reçut le rameau de palmier de l'ange qui lui notifia le jour de sa mort ; en ce jour, elle fit remise de sa ceinture à saint Thomas, au moment de son Assomption : ceinture vénérée actuellement en l'église de Saint-Ours de Loches, en Touraine.

En gravissant le sentier qui s'élève du Cédron, en sortant par la porte Sitti-Mariam, on s'arrête au tombeau de la Vierge, ou l'église de l'Assomption, aux Grecs. Un escalier d'une cin-

quantaine de marches conduit sous le roc ; un
édicule de marbre indique le lieu de l'enlève-
ment miraculeux de la Vierge au Ciel ; une lourde
tapisserie orne le sanctuaire consacré par les
orthodoxes.

Là, le corps de Marie n'éprouva point la corruption du tombeau, ayant été conçue sans souil-
lures et transportée glorieusement dans le Ciel
par le ministère des anges.

On est en droit de demander pour quelle raison les Apôtres enterrèrent la Vierge dans le flanc
occidental du mont des Oliviers. L'argument le
plus vraisemblable est qu'il venait d'être interdit
d'enterrer les morts dans l'intérieur de la ville ;
les nouvelles fortifications d'Hérode, enve-
loppant le mont Bézétha au nord du Temple,
avaient jeté les bases d'une nouvelle administra-
tion. L'assainissement de la ville dut être envi-
sagé sous toutes ses faces au sein du Conseil et
défense fut faite d'enterrer dans les jardins con-
tigus aux habitations, comme quelques années
auparavant, lors de la mort de saint Joachim et
de sainte Anne, qui purent être ensevelis près du
lieu de la Nativité faisant partie de leur
domaine.

La grotte de l'Agonie est dans son état naturel
sur un espace de 60 mètres carrés ; c'est là que les

souffrances morales indicibles succédèrent aux souffrances du corps ; la terreur que le Christ en conçut fit couler de ses membres une sueur mêlée de sang.

Le jardin de Gethsémani est entouré d'un mur destiné à protéger contre les pieuses mutilations des voyageurs les fleurs, entretenues par les Pères de Terre Sainte ; il renferme huit oliviers qui ont pris le caractère de vrais monuments, rejetons de ceux sous lesquels Jésus prédit à ses disciples ce qu'il aurait à souffrir dans Jérusalem, et qui furent détruits par Titus lors du sac de la ville.

Ces arbres remarquables par leur grosseur et leur vieillesse, ont leurs troncs creusés par le temps et ne vivent plus que par leur écorce ; des pousses ramifiées forment une couronne de jeunesse autour de leurs têtes. Ils présentent un intérêt des plus considérables au point de vue de la science par leur longévité et par leur souvenir.

C'est à partir de la trahison de Judas que Jésus ne s'appartient plus ; les événements les plus douloureux se succèdent avec rapidité et la croix sur laquelle il va expirer ne lui appartient même pas ; une voix mystérieuse doit guider Joseph d'Arimathie pour prêter au Christ un tombeau et un linceul ; car la valetaille soldatesque a pris jusqu'à la dernière robe qui lui couvrait le corps.

Au sommet du mont des Oliviers, est une mosquée circulaire à coupole flanquée extérieurement de colonnes et chapiteaux provenant de l'église des Croisés ; le sol est le rocher sur lequel Notre-Seigneur a laissé la trace indélébile de son pied droit et dont l'extrémité des doigts est tournée vers le sud, comme l'indique le mirah des Musulmans qui est la direction générale de La Mecque.

Nous y avons assisté à une messe sur un autel portatif. Du haut du minaret on aperçoit la vallée du Jourdain et les eaux de la mer Morte.

Il n'est pas donné à la parole humaine d'exprimer la gloire ineffable de l'Homme-Dieu au moment où il quitte la terre, s'élevant au ciel pour entrer dans la Jérusalem céleste. Pour quel insensé n'aurait-il pas passé, celui qui aurait dit qu'un jour, les Césars disparaîtraient et que dans leur palais le vicaire du Christ gouvernerait sur l'univers ?

Le couvent des Carmélites, bâti par la princesse de la Tour d'Auvergne, en 1876, fut bientôt rempli de vierges zélées pour la pratique de la perfection.

Il renferme un cloître où la prière du *Pater* est gravée en trente-deux langues, prière bien digne du Dieu auquel nous l'adressons, bien digne de celui qui nous l'a léguée.

La galerie, à l'intérieur du monastère, est formée d'arcades ogivales reposant sur des piliers carrés à plusieurs angles ; c'est une copie du Campo-Santo de Pise, que j'ai visité lors de mon voyage de Rome.

Plus bas est la crypte du *Credo* des Apôtres qui rappelle dans sa construction, par les douze piliers figurant les Apôtres, la crypte de l'église Saint-Serge au vieux Caire. Chaque Apôtre porte une banderolle sur laquelle sont gravées les nobles paroles du *Credo* qui lui sont attribuées.

Le symbole de Nicée est plus long que celui des Apôtres qui contient également toutes les vérités de la foi ; mais les hérésies étant venues successivement, il fut nécessaire de donner des développements aux divers articles que l'on attaquait ; c'est ainsi que l'on pût couper court aux erreurs à mesure qu'elles paraissaient.

Il existe encore une autre formule de notre symbole. Il fut composé, au xvie siècle, par Pie IV qui confirma les décrets du Concile de Trente. Il vise les articles dirigés contre les protestants auxquels on les fait lire lorsqu'ils font abjuration.

On descend ensuite vers le lieu, dit *Dominus*

flevit, où Notre-Seigneur pleura sur Jérusalem.

Des cryptes mystérieuses sont sous vos pas ; partout on foule un sol béni par les pieds des Apôtres.

Jérusalem vue de ce point, alors que le soleil a son disque plongé au delà de l'horizon, est pour l'âme vraiment religieuse un foyer d'exaltation indéfinissable.

CHAPITRE XV

Voie de la Captivité. — Maison d'Anne. — Église de la Flagellation. — Couvent des Dames de Sion. — Arc de l'*Ecce Homo*.

Des indulgences sont attachées à la visite des sanctuaires et les Papes, en les augmentant, les ont étendues à tous les pèlerins de l'univers qui se rendent aux lieux saints de la Judée et de la Galilée.

La voie de la Captivité commence à Gethsémani, descend dans le ravin du Cédron, remonte vers le plateau d'Ophel à la maison d'Anne. Un couvent de religieuses du rite arménien occupe l'emplacement où Jésus reçut un soufflet.

A l'intérieur de la cour, est une colonne pyramidale élevée à la mémoire d'Achekion, bienfaiteur des chrétiens arméniens.

On peut se rendre ensuite vers le quartier des Musulmans, à l'emplacement du palais d'Hérode Antipas, prince aussi faible que cruel, qui avait accordé, au milieu des débauches de sa table, la tête de saint Jean-Baptiste à sa femme Hérodiade par l'entremise de sa fille Salomé.

L'église de la Flagellation, aux Latins, est proche ; elle est des plus modestes et fut construite en 1839, avec la plus grande précipitation, lors du passage d'Ibrahim-Pacha qui venait d'en accorder l'autorisation.

Les plans d'une église plus vaste ont été levés, et lorsque les ressources nécessaires seront réunies, on commencera la mise à exécution de ce dernier projet.

Le couvent des Dames de Sion fut établi en 1856 sur l'emplacement du Lithostrotos, c'est-à-dire de l'ancien pavé du prétoire de Pilate, gouverneur de la Judée. Les légendes suisses du canton de Lucerne disent que Pilate apparaît encore en habit de juge sur les eaux du lac, dans lesquelles il aurait trouvé la mort, errant sous le poids des violents remords de son crime.

On sait que l'escalier de marbre taché du sang de la glorieuse Victime dont les Juifs en délire demandaient la mort, est à Rome ; c'est la Scala Santa que l'on ne monte qu'à genoux.

L'arc de l'*Ecce Homo*, où Jésus fut exposé aux yeux de l'ignominieuse lie du peuple Juif, se déploie sur la rue ; l'un des deux arcs accolés à celui-ci et découvert en 1860 forme le chevet de l'église de style byzantin, des Dames de Sion, tandis que l'autre, en face, a été détruit chez les Derviches tourneurs.

Rien n'a été changé à l'ancienne disposition des assises de l'époque ; une statue de marbre de l'Homme-Dieu s'élève au-dessus du maître-autel dont l'architecte est M. Daumier.

CHAPITRE XVI

Voie Douloureuse.

Le vendredi 4 mai, notre pèlerinage entreprit le chemin de la Croix à travers les rues de Jérusalem, au milieu des Musulmans toujours avides d'un si imposant spectacle.

Pour eux la glorieuse victime des chrétiens n'est que le prophète *Issa* qui s'est transfiguré sur les hauteurs du Thabor.

Première station : *Jésus est condamné à mort.*

Le point de départ est la caserne turque, sur l'emplacement de l'ancien palais de Pilate d'où le Sauveur du monde partit lui-même, en mars 33 (1), pour le Golgotha. Le Golgotha était un terrain vague et en dehors du mur septentrional qui s'étendait, par une courbe assez prononcée, de la forteresse de David à la forteresse de Baris, à l'angle nord-ouest du parvis du Temple et qui fut détruite par Titus trente-sept ans plus tard.

Le R. P. Joseph de Nantes, de l'Ordre des

____

(1) On voit que nous suivons ici la manière ordinaire de compter les années, sans vouloir entrer dans la discussion soulevée à ce sujet.

Franciscains, fit le panégyrique du Christ aux diverses stations de la Voie douloureuse.

Il est d'usage, pour ce chemin de croix solennel, de porter une énorme croix de bois de France qui est ensuite offerte à un sanctuaire. La contemplation de cette croix produit toujours des effets salutaires, en ravivant dans l'âme la vertu, la piété et la ferveur.

Nous voyons se dérouler les lamentables étapes de la Passion ; certains monuments ont été érigés pour garder immuables les souvenirs de la tradition.

Jésus est chargé de sa croix.

L'arbre qui aurait servi à la croix aurait poussé dans la vallée du Hinnon, aujourd'hui monastère de Sainte-Croix, aux Grecs.

On passe sous l'arc de l'*Ecce Homo,* juste au point d'intersection des rues de la porte de Damas aux grands bazars, où s'élève l'hospice autrichien.

Là, une colonne brisée étendue le long du mur marque le lieu où Jésus tomba *pour la première fois.*

De ce point la Voie douloureuse se dirige du nord au sud.

Jésus rencontre sa mère.

Une maison en pierres de diverses couleurs, à cheval sur la rue, marque l'emplacement de la

maison du mauvais riche et du pauvre Lazare.
Quelle leçon entre ces lignes ! L'Écriture sainte
fait connaître le nom du pauvre et point celui
du riche, alors qu'ici-bas nous ne nous occupons
que du nom des riches. Une chapelle, dite « du
spasme de la Vierge », appartient aux Arméniens
catholiques.

En cet endroit, la Voie douloureuse s'infléchit
à droite et se dirige par des escaliers sur l'ancien
flanc du mont Akra pour se prolonger vers le
Golgotha. Dans la chapelle, on remarque un
groupe, grandeur naturelle, de *Simon le Cyrénéen aidant Jésus* à porter cette croix dont le
poids épuisait ses forces humaines.

La maison de sainte Véronique (de ces mots
« *Vera icon* », qui signifient la véritable image
et dont on a fait par corruption Véronique),
appartient aux Grecs.

Depuis une quinzaine d'années seulement,
on visite les fouilles de l'habitation de la *Sainte
Véronique*, ou plutôt de Bérénice, pieuse femme
que son acte magnanime a rendue à jamais
célèbre. On sait que c'est en essuyant les larmes
et le sang du Christ que se trouva imprimée la
Face sacrée de Notre-Seigneur. Le voile en con-
serva miraculeusement l'image pour récompen-
ser l'acte de piété héroïque de cette femme, nous
laisser un souvenir perpétuel des cruels outrages

et des sanglants affronts qu'avait subis l'Homme-
Dieu et lui en faire une solennelle réparation.

En ce lieu, l'image de la Sainte-Face est en
grande vénération depuis qu'elle a été apportée
de France, comme un précieux présent de nos
aînés. Les fidèles de Jérusalem la vont visiter et
honorer avec dévotion.

La tradition bazadaise rapporte que Bérénice
vint mourir en Gaule, vers Soulac, où l'église de
Notre-Dame de la Fin des Terres serait élevée
sur son tombeau.

A la porte Judiciaire qui s'ouvrait dans l'enceinte du mur des fortifications était affiché
l'arrêt de mort par Pilate. Dans la chapelle est
une colonne antique ayant fait partie de la porte
Judiciaire où Jésus *tombe pour la seconde fois.*

Par une intuition rétrospective, je croyais
entendre le peuple Juif courant aux remparts,
attiré par les apprêts du drame sanglant qui
allait se dérouler sur le Calvaire, et il me semblait voir flotter sur l'antique forteresse le drapeau d'Hérode mis en berne par une main mystérieuse.

De ce point on s'engage sous la voûte, au sortir
de laquelle se trouve le lieu marqué d'un trou
dans une pierre du mur. C'est là que Jésus *con-
sole les filles de Jérusalem.* Il faut actuellement

revenir sur ses pas et l'on passe près des propylées de la basilique Constantinienne ; une colonne de granit rose, engagée dans l'angle du mur, près de l'entrée du couvent Copte, indique l'endroit où Jésus *tombe pour la troisième fois.*

De là, enfin, on rejoint le parvis du temple qui n'a qu'une seule entrée vers le sud et qui fut la direction prise par la cohorte de soldats romains pour aborder le sommet du Golgotha, rocailleux, couvert de rochers et d'arbrisseaux épineux sur les pentes trop raides du nord-est.

Au milieu de la place, le seigneur de Caumont, dans son voyage à Jérusalem, au xve siècle, signale une pierre où Jésus se reposa, avec « sept ans et sept quarantaines de vray pardon ».

On monte à la chapelle du Calvaire ; une mosaïque montre la place où « *Jésus fut dépouillé de ses vêtements* », lui qui avait apporté dans les plis de sa tunique le rachat du monde.

L'autel du Crucifiement, qui est aux Latins, marque l'endroit où Jésus *fut cloué à la croix.*

L'autel de la Plantation, où Jésus *mourut en croix*, est aux Grecs ; le trou pratiqué sur le rocher est sous l'autel, et les pèlerins y introduisent la main. On sait qu'une partie du roc fut détachée pour Constantinople ; malheureusement le navire fit naufrage avec son précieux fardeau.

A votre droite, est la fente du rocher qui se

produisit lors du tremblement de terre du Vendredi-Saint ; elle se prolonge perpendiculairement aux assises géologiques. A ces douze stations qui marquent un si pénible et si glorieux parcours, on a ajouté, au chemin de Croix de nos églises, deux autres stations comprenant « la descente de croix et le « transport au Sépulcre ».

Le lieu où Jésus *fut détaché de la croix* est occupé par l'autel de la Compassion, aux Latins.

Quelle langue humaine pourrait rendre la pensée douloureuse qui vint mourir sur les lèvres de la Vierge ? Comment exprimer l'affliction qu'elle ressentit au moment où le corps sacré de son Fils fut détaché de la croix et descendu sur les bras vigoureux des témoins de cette scène ?

Les anges pleurèrent sur le corps livide et meurtri du Sauveur, comme autrefois ils avaient souri autour de la crèche de Bethléem.

La pierre de l'Onction ou de l'Embaumement est plus bas, ainsi que le lieu où se tenaient les saintes femmes.

Le tombeau où Jésus fut enseveli appartenait à Joseph d'Arimathie : une grande pierre fut roulée à l'entrée de la chambre sépulcrale, et des gardes furent envoyés de la centurie la plus proche de la cohorte faisant partie de la légion qui séjournait dans la ville.

Tout était consommé.

La plume tombe de ma main en considérant ce groupe de saints personnages, sur le chemin, au retour du Calvaire. C'est le deuil, l'ombre et le mystère. On demeurerait navré, anéanti, si les ailes de la Foi ne nous transportaient pas aussitôt à la scène du dénouement, qui est la résurrection glorieuse et l'apothéose du Christ.

CHAPITRE XVII

Œuvres de charité. — Custode de Terre-Sainte. — Saint-
Sauveur. — Patriarcat Latin. — Ordre du Saint-Sépulcre.
— Sainte-Anne. — Hôtellerie de France. — Saint-Pierre
de Sion. — Objets de piété.

Jérusalem n'est pas une ville où l'on trouve
des divertissements ; au contraire, tout y prend
un caractère religieux. On élève des sanctuaires,
on fonde des monastères de toutes les communions.

On peut chercher à contester la multiplicité de
ces œuvres, mais quand on les connaît on ne
peut nier leur utilité. La paix du 30 mars 1856
entre la France et la Russie, ainsi que le traité
de paix qui mit fin à la guerre turco-russe, a
permis aux orthodoxes du plus vaste empire de
s'arroger des droits auxquels le Sultan ne s'op-
pose nullement ; les établissements Russes qui
s'élèvent au nord de la ville attirent particuliè-
rement l'attention des voyageurs.

Un millier de pèlerins y trouvent un gîte, et
des hôpitaux pour les deux sexes autour d'une
immense basilique. Près d'un olivier séculaire
est une colonne salomonienne demi-circulaire

adhérente au sol, ayant été abandonnée par suite d'une cassure accidentelle.

Les Anglais, depuis 3o ans, ont sur différents points de la Palestine quelques institutions des deux sexes pour l'éducation de la jeunesse et le soulagement des pauvres.

La colonie allemande, connue sous le nom du « Petit Berlin », y prospère favorablement.

Les Autrichiens y ont un pied-à-terre des plus florissants. C'est à force de persévérance que les œuvres françaises prennent racine, se développent et portent leurs fruits.

Le supérieur des Franciscains de Terre Sainte porte le titre de Révérendissime Père Custode, le titulaire est toujours un Italien ; le vicaire du Père Custode est toujours un Français, et le procureur général toujours un Espagnol.

L'église Saint-Sauveur, qui est la paroisse des catholiques Latins, jouit de certains privilèges spirituels. Un orphelinat est annexé au couvent.

Mgr Valerga, qui, par toutes sortes de bonnes œuvres, s'est acquis un grand mérite, prit possession du Patriarcat Latin en 1848. Depuis cinquante ans ses successeurs ont suivi avec connaissance sa politique. Une foule de conquêtes pacifiques les ont déjà illustrés. C'est ainsi que Mgr Bracco a fondé un séminaire dans son palais, tout y respire la simplicité chrétienne, et c'est

en s'appliquant à dissiper les ténèbres de l'igno-
rance qu'on protège directement ceux qui cul-
tivent les sciences sacerdotales.

Le patriarche Latin ayant été rétabli est devenu le Grand-Maître de l'ordre du Saint-Sépulcre,
dont l'origine est aussi noble qu'ancienne ; lui
seul a droit de conférer les insignes de cette décoration, ordre qui est très recherché.

La décoration est en or ; elle représente la
croix de Jérusalem cantonnée de 4 croisettes
chargées d'émail rouge ; le ruban est noir moiré.

Les chevaliers du Saint-Sépulcre, institués en
1496 par Alexandre VI, semblent avoir succédé
aux chanoines réguliers du Saint-Sépulcre institués par Godefroy de Bouillon et supprimés à la
fin du XVᵉ siècle.

Sainte-Anne est l'église française concédée
après la guerre de Crimée et desservie par les
R. P. Blancs de Mgr Lavigerie, qui en avait la
juridiction.

Nous saluons en passant le buste du cardinal
qui s'élève au milieu des débris archéologiques
des plus précieux. Les bâtiments du séminaire
sont vastes : l'église remaniée par les Croisés a
été restaurée par M. Mauss.

On y voit la grotte de la Nativité de la Sainte
Vierge avec une statue de l'Immaculée-Concep-
tion.

C'était là l'emplacement de la maison de saint Joachim, qui signifie « préparation au Seigneur », et de sainte Anne qui veut dire « grâce du Seigneur », et qui furent le père et la mère de la Sainte Vierge, de la plus sainte des créatures.

Sous les restes d'une ancienne basilique est la piscine probatique.

Les Pères Blancs ont formé une fanfare digne de tout éloge qui prête généreusement son concours aux cérémonies religieuses. Des morceaux de musique française ont été exécutés avec maëstria aux applaudissements de tous les auditeurs.

L'hôtellerie de Notre-Dame de France, aux Assomptionnistes, est située en dehors de la muraille septentrionale près de l'hôpital français de Saint-Louis, fondé par le comte de Piellat et tenu par les Sœurs de Saint-Joseph de l'Apparition.

Les vastes bâtiments pourront contenir plusieurs milliers de pèlerins ; l'église est d'une distinction remarquable.

C'est une œuvre qui peut être comparée au grain de sénevé de l'Évangile ; puisse le nombre des bienfaiteurs répondre aux besoins et encourager dans leur noble et généreuse mission tous ceux qui y consacrent leur vie et qui savent

attendre du Ciel, la récompense de leur dévoue-
ment!

On trouve également les Pères Jésuites, les
Lazaristes, les Frères de la Doctrine chrétienne
dont les congrégations se développent et s'affer-
missent dans le monde entier, semant partout le
bien comme une rosée qui tombe aux plus bas
lieux de la terre pour la fertiliser.

Les Filles de la charité, les Sœurs de Saint-
Vincent de Paul, les Dames de Sion, les Sœurs
Franciscaines, les Clarisses, les Sœurs de Marie
Réparatrice qui, là comme partout, donnent
l'exemple de toutes les vertus chrétiennes ; elles
y ont des écoles, des dispensaires, des orphe-
linats au-dessus de tout éloge. Toutes ces œuvres
échappées à la tourmente révolutionnaire française sont aujourd'hui plus florissantes que
jamais dans toutes les contrées du globe, et ont
mérité la reconnaissance de la patrie.

Parmi ces œuvres, il en est une fondée par le
R. P. Ratisbonne que je signale avec impartia-
lité. C'est l'institution de Saint-Pierre de Sion,
où des hommes distingués portent au plus haut
degré de perfection la science d'instruire la jeunesse, au sommet de la colline où le prophète
Isaïe (VII, 14) annonça qu'une Vierge concevrait
et enfanterait un fils qui serait appelé Emmanuel,
c'est-à-dire Dieu avec nous ! On y reçoit

les jeunes gens de la Palestine qui veulent se livrer à l'étude des sciences, et une école des arts et métiers est attenante pour ceux qui désirent travailler des mains pour gagner un salaire.

Comme mes compagnons de voyage, je me suis muni d'une bonne provision d'objets de piété et me voilà pourvu de façon à faire face à la plus grande libéralité en ce genre.

Entre autres des couronnes d'épines de rhamnées tressées à l'instar de la couronne de Notre-Seigneur avec le *ziziphus lotus* et, depuis, le *ziziphus spina Christi*, qui couvrait alors le lit du Cédron et où les oiseaux du ciel ne trouvent même plus un abri. Des roses de Jéricho, *anastatica hierochuntica*, qui proviennent actuellement des bords de la mer Morte. Quelques icones russes qui, par leurs vives couleurs, portent un cachet plus particulier que nos images chrétiennes.

Les images comme les sculptures présentent des points moraux à la méditation des peuples. L'Orient et l'Occident ont rempli les mêmes cadres avec les mêmes sujets évangéliques et apocalyptiques et les mêmes scènes bibliques, mais combien différemment chacun avec le génie qui lui est propre.

CHAPITRE XVIII

Monastères des Révérends Pères Dominicains. — Tombeaux des Rois et des Juges. — Amas de cendres. — Tombeaux dans la vallée du Cédron. — Église Saint-Jacques le Majeur.

On rapporte qu'Eudoxie Athénaïs, fille du sophiste athénien Léonce, se rendit à la cour de Constantinople pour demander justice de la tyrannie de ses frères ; elle y fut admirée par ses belles qualités et l'on jugea qu'elle était digne d'honorer le trône, en épousant l'empereur Théodose. Après avoir reçu le baptème, maîtresse du palais, elle s'occupa des moyens de faire fleurir la religion et sut imprimer un mouvement de piété vers les lieux saints.

De retour d'un voyage en Palestine, elle déposa à la basilique de Saint-Laurent hors les Murs, à Rome, une pierre de granit provenant de la lapidation de Saint-Étienne par les Juifs, ainsi qu'à Saint-Pierre aux Liens, la chaîne dont saint Pierre avait été lié à Jérusalem.

A la mort de l'empereur, méprisant les intrigues de la cour, Eudoxie se retira à Jérusalem, uniquement occupée de la prière et des pratiques de la mortification, oubliant qu'elle avait été impératrice.

Elle composa des poèmes religieux. C'est là qu'elle apprit le meurtre de l'empereur Valentinien qui avait épousé sa fille, Eudoxie Licinia.

Vers 460, elle mourut vénérée des pauvres et son corps fut déposé au monastère de Saint-Etienne, qu'elle venait de fonder sur l'emplacement au lieu de la lapidation du saint, dont les reliques avaient été découvertes le 3 décembre 415 et déposées provisoirement dans l'église de Sion, en présence de Jean, évêque de Jérusalem, assisté d'Eutonius de Sébaste et d'Eleuthère de Jéricho. Des sous d'or et des bronzes aux légendes « d'Eudocia et d'Eudoxia », ont été trouvés, autour de Jérusalem ; d'un côté on voit le buste diadémé de l'impératrice, et au revers une croix au monogramme du Christ dans une couronne.

Plus tard, l'empereur Justinien fit à ce monastère des agrandissements et diverses donations en l'honneur de ses armées victorieuses en Asie sous le commandement de Bélisaire, l'un des généraux les plus habiles de l'antiquité.

Depuis l'incendie de Chosroès, les restes de cet édifice n'avaient pas été relevés. Cette charge devait un jour incomber aux Dominicains, à ces frères prêcheurs connus de la catholicité entière.

C'est le **R. P.** Mathieu Lecomte, bien connu par le zèle, le savoir et les travaux infatigables, qui entreprit les fouilles lesquelles furent couronnées de succès. Des études bibliques sont suivies par de nombreux étudiants, qui sont amenés à la connaissance de la vérité par un grand amour de la prière et de la retraite.

L'église, de style roman, est vaste ; çà et là quelques beaux fragments d'anciennes mosaïques ont été conservés dans leur état primitif et forment comme un riche tapis. On y voit un grand nombre de matériaux précieux, de débris de sculptures trouvés dans les fouilles. Un certain nombre de médailles de bronze ont été recueillies.

Elles portent d'un côté l'effigie de Jésus-Christ avec cette légende : « *Jesus Christus Basileus Basileon.* »

D'autres portent l'image de la sainte Vierge, de saint Georges ou de quelque autre saint, elles appartiennent à Zimiscès et ses successeurs (x^e et xie siècles).

Une crypte s'élève sur le lieu même de l'antique tombeau de saint Etienne, retrouvé dans un gouffre d'immondices.

Saint Etienne par son langage extatique avait

exaspéré les Juifs ; son supplice couronné par les premières palmes du martyre eut pour témoin Saul, qui devint dans la suite saint Paul, célèbre dans l'Église après l'avoir persécutée.

Non loin est le tombeau des Rois de Juda qui comprennent une série de Rois successeurs de Salomon pendant cinq siècles, grâce à la protection dont Dieu couvrit ces souverains attachés à la loi de Moïse.

Le terrain appartient à la France ; un vaste escalier construit dans le roc vif conduit à une citerne ; de là, on passe par une large ouverture, creusée en l'épaisseur de la roche, dans une cour à ciel découvert, aux parois taillées au ciseau.

La grotte sépulcrale est précédée d'un vestibule où l'on remarque deux bases de colonnes. La corniche se compose d'une bande de fleurs et de feuilles. Lors du siège de Titus la grande cour dut servir de *sepulcretum* ; on y brûla les corps des Romains tombés aux abords de la place assiégée, comme en font foi les vases et les lacrymatoires trouvés dans les fouilles de la mission française de M. de Saulcy. Je n'entrerai dans la description de ces caveaux que les guides expliquent largement, que pour parler de la fermeture qui était identique à celle du Saint Sépulcre.

Ici on remarque, à droite encore, une rainure dans laquelle s'emboîtait la pierre dite « de fermeture » que l'on roulait au moyen d'un madrier ; un espace vide longitudinal permettait à la pierre de rouler en arrière le long du mur du caveau en dégageant l'entrée.

La fermeture s'opérait à nouveau en sens inverse.

A une petite distance de là, on observe un amas de cendres provenant non des holocaustes comme on l'a prétendu longtemps, mais bien de l'industrie savonneuse, comme l'analyse l'a démontré à la suite des expériences de la mission française. Le commerce des cendres ou *galis* était considérable autrefois.

En se dirigeant vers les établissements russes, on arrive au tombeau des Juges, attribué à la sépulture des membres du Sanhédrin, qui siégeaient dans un édifice attenant au Temple. Le vestibule est orné d'un fronton à dessins variés, aux angles des acrotères en palmettes. Une porte à moulure à crossettes et surmontée d'un fronton s'ouvre sur les chambres sépulcrales renfermant des fours à cercueils, à l'instar des chambres sépulcrales du tombeau des Rois. Dans les environs de la ville, comme du reste dans les flancs des montagnes, on rencontre des grottes perforées qui paraissent antérieures à la ruine de Jérusalem.

Dans la vallée dont le nom viendrait de la victoire de ce même roi qui, favorisé du Seigneur, vit ses armes victorieuses sur les Ammonites et Moabites, sont les principaux tombeaux de la Jérusalem judaïque.

Il convient de citer le tombeau d'Absalon ; c'est un bloc carré taillé sur trois de ses faces dans le roc auquel il est adhérent.

Il sort des règles de la construction en ce sens que l'on ne s'est pas préoccupé des lits horizontaux ; on remarque les joints à ressauts de la pyramide triangulaire qui le couronne : les colonnes d'ordre dorique sans cannelures font partie intégrante et sur les chapiteaux court une frise avec le triglyphe.

Le tombeau de Zacharie est un monolithe à chapiteaux ioniques différents et qui se termine par une pyramide triangulaire ; les Hébreux ont imité les Égyptiens en donnant la forme pyramidale à ces tombeaux. Le caveau de saint Jacques est creusé dans le roc vif, sur sa surface principale se détachent quatre petites colonnes.

Il est difficile de préciser l'âge des grottes et tombeaux de l'architecture phénicienne, celle-ci ayant pour base fondamentale le rocher taillé que le mur isolé ne fait qu'imiter ; de là des œu-

vres massives, tout à fait étrangères à l'art clas-
sique.

Dans le lit du Cédron sont les substructions
de la grande piscine où le peuple se baignait
sous Salomon ; les jardins royaux étaient près
du barrage.

Non loin est la fontaine de la Vierge, dont le
bassin principal est sous le roc ; c'est une source
intermittente qui communique par un canal
avec la source de Siloé.

A l'embranchement des vallées est un olivier
séculaire marquant l'emplacement du martyre du
grand prophète Isaïe qui fit reculer l'ombre de
10 degrés sur le cadran du roi Achaz, comme
preuve de la fin prochaine de Manassès.

En rentrant à Jérusalem par la porte de
David, ouverte dans une tour des fortifications,
on peut se diriger vers l'église Saint-Jacques le
Majeur, frère de Jean, et surnommés « les enfants
du tonnerre ». On y montre l'endroit où il eut la
tête tranchée par ordre d'Hérode Agrippa qui
voulait plaire aux Juifs. Son martyre en a fait le
patron de l'Espagne. Son tombeau à Santiago,
dans la cathédrale de Compostelle, est un lieu
de pèlerinage, où les pèlerins affluent de toutes
les parties de l'Espagne. Son nom de Compostelle, *campus stellæ,* lui vient de l'étoile mira-

culeuse qui, selon la légende, indiqua le tombeau de l'Apôtre au xi⁰ siècle.

Le guide nous désigne le tombeau de saint Macaire, évêque de Jérusalem. Il présida à la découverte du bois sacré de la vraie Croix sous l'inspiration de la mère de Constantin. L'Église reconnaissante a institué la fête de l'Invention de la Sainte Croix qui est d'obligation en Palestine le 3 mai.

Les Arméniens ont encore en vénération trois pierres provenant du Sinaï, du Thabor et du Jourdain.

En se dirigeant vers le quartier des Juifs, on visite avec un vif intérêt la synagogue construite sur l'emplacement du temple où « le Fils du charpentier Joseph » se rendait au milieu des docteurs de l'ancienne loi.

CHAPITRE XIX

Départ pour la Galilée. — Caïffa. — Mont Carmel. —
Mausolée. — Monument des anciens Croisés.

En quittant Jérusalem, nous prîmes congé des
R. P. Franciscains à la *Casa-Nova* où nous
laissions Mlle Blanche B..., du diocèse de
Paris, qui se retirait près du Saint Sépulcre,
désirant se livrer entièrement à la retraite et au
silence dans les exercices de la pénitence et de
la charité.

A Jaffa, un paquebot-poste français nous prit
à bord et le lendemain matin à l'aube nous
étions dans la rade de Caïffa. Un certain nombre de passagers passèrent la nuit sur le pont,
les uns sur leurs pliants en osier ou en grosse
toile à voile, les autres étendus sur une couver-
verture ; quant au R. Père cicerone, je l'ai retrouvé accroupi sur des câbles servant d'amarre.

Des mahonnes nous transportèrent à quai ;
un café chaud nous attendait chez les R. P. du
Carmel qui ont une hôtellerie pour les étrangers.
De petits ânes nous conduisirent au sommet
du Carmel, par un sentier accidenté qui serpente

sur le versant baigné par la mer et dont les flots
d'écume battent sans cesse la masse imposante.

Le couvent du Mont-Carmel a l'aspect d'une
forteresse et la vue dont on y jouit est incomparable. La Vierge, « Étoile de la mer, » veille sur
les marins qui s'aventurent dans un lointain
voyage.

Les pèlerins ont à cœur de visiter la chapelle
qui est le premier sanctuaire où le culte de la
sainte Vierge a pris naissance, comme Sainte-
Marie Majeure à Rome est la première église
sous l'invocation de la Sainte Vierge.

Quelques familles de distinction ont orné
d'une couronne étincelante la tête de la statue
de la Vierge. Pénétrés des sentiments de charité
et d'union pour le bien, les pèlerins y demandent
dévotement protection et force pour eux, leurs
familles et leurs biens.

La crypte renferme la grotte d'Élie. La tradition du Prophète léguant son manteau à son
disciple Élisée est toujours vivante au Carmel.
Une cellule me fut offerte. Je l'ai acceptée avec
empressement ; au-dessus de la porte un car-
touche porte ce mot : « *Obedientia* » ; l'impression
que j'ai ressentie remplit encore mon âme d'une
douce mélancolie. L'obéissance n'est-elle pas la
loi la plus dure à l'humanité !

Dans le jardin du couvent est une pyramide

élevée à la mémoire des soldats et marins, tombés au siège de Saint-Jean d'Acre. J'y recueillis des chardons aux fleurs bleues dont les dames ornèrent leur chapeau de liège à large bord : le bleu qui est le caractère de l'esprit turbulent est resté la couleur de préférence de la jeunesse.

Un phare à feux mobiles se dresse sur un monument des anciens croisés qui sert de lieu de refuge aux Musulmans ; non loin est la chapelle de Saint Simon-Stock, général des Carmes, qui fut inspiré de la dévotion au scapulaire.

L'histoire de la communauté est pleine de vicissitudes ; les bâtiments actuels datent du siècle, ayant été plusieurs fois détruits et reconstruits. Il semble que l'homme dans tous les siècles ait considéré la montagne comme un échelon qui le rapproche du Très-Haut.

Le point culminant est le Djebel-es-Fiyeh occupé par les Druses. On aperçoit sur le flanc méridional El-Moukrata où le prophète Élie offrit son sacrifice que vint consumer le feu du ciel ; puis la fontaine d'Élie où l'on trouve de nombreuses pétrifications, entre autres des géodes en forme de melons. De curieuses légendes sont attachées à ce sol géologique. Près la voie en construction du chemin de fer à Nazareth, est le Tell-el-Kassis où furent mis à mort les faux prophètes de Baal, près du torrent du Cison.

Que de souvenirs bibliques se pressent dans l'esprit à la vue des nombreuses grottes qui furent habitées par les disciples des prophètes ! Des impressions d'un autre ordre nous envahissent au souvenir d'Abisag, la belle Sunamite, que prit David dans sa vieillesse.

Et quittant la Bible nous croyons feuilleter l'histoire du monde en nous rappelant tous ceux qui ont passé là, à ne citer en courant que Pythagore dont les voyages paraissent fabuleux, Vespasien, ce laboureur devenu souverain Romain qui ne voulait mourir que debout, saint Louis et les Croisés qui retardèrent l'établissement des Turcs en Europe, et les armées françaises sous la conduite de Bonaparte.

Le 15 mai, nous quittions les R. P. du Mont-Carmel en leur adressant un tribut de respectueuses sympathies et de profonde reconnaissance.

CHAPITRE XX

Nazareth. — Annonciation. — Atelier de saint Joseph. — Fontaine de la Vierge. — Chapelle de la Table de Jésus-Christ. — Synagogue. — Notre-Dame de l'Effroi. — Hôpital. — Orphelinat. — Les Clarisses.

En six heures, on franchit la distance de Caïffa à Nazareth : la route est carrossable. C'était autrefois une simple bourgade, que saint Jérôme tira de l'oubli et où Constantin éleva une basilique qui fut pillée par les Arabes ; plus tard, Saladin ruina les églises des Croisés.

Le 19 décembre 1620, l'émir Fakkir-Eddin, prince des Druses, au nom du roi de France, Louis XIII, rendit aux Frères Mineurs les sanctuaires de Nazareth, qui avaient été ruinés à nouveau en 1263 par Bibars Condacktar, en même temps que la basilique de la Transfiguration au Thabor.

La ville de Nazareth, ou « la fleur de la Galilée », s'étage sur des mamelons ; les jardins en font un lieu délicieux et l'esprit aime à se reporter vers cet artisan Joseph, qui jouissait de l'estime générale.

Nazareth, Bethléem et le Calvaire forment

une trilogie sacrée qui résume l'histoire du Sauveur du monde.

En arrivant, nous renouvelâmes avec le même ordre la procession à l'église de l'Annonciation, comme lors de notre entrée à Jérusalem, avec les mêmes chants sacrés et l'*Ave Maria* des pèlerins à Lourdes, entonnés par un Breton aux convictions profondes et que j'aurai toujours plaisir à rencontrer sur mon chemin.

Des enfants furent baptisés ; les pèlerins leur servirent de parrains et de marraines.

L'église de l'Annonciation, aux Latins, s'élève sur l'emplacement de la maison de la Vierge. Saint Louis, en 1252, fut l'un des derniers pèlerins français qui vit l'humble maison avant sa translation en Dalmatie par les anges, en 1291, et à Lorette en 1295.

Les Orientaux ont toujours utilisé les roches pour leurs habitations, en construisant des abris faisant saillie pour avoir plus d'espace, à l'instar de nos habitations sous roc des bords de la Loire. C'est dans une maison de ce genre qu'habita la sainte Famille.

Les fondations primitives ont été mises à couvert sous des grilles que les pèlerins de l'univers peuvent considérer en descendant les degrés qui conduisent à la crypte, sous le chœur de l'église.

On y voit deux colonnes de granit rose qui sont considérées comme indiquant l'emplacement de la Vierge et de l'ange Gabriel.

C'est en ce lieu que la Salutation angélique est devenue l'aurore de notre salut. C'est en souvenir de cet événement que le pape Urbain II, au concile de Clermont, décida que l'on sonnerait chaque jour la cloche à certaines heures ; c'est ce qu'on appelle l'*Angelus,* que Louis XI établit en France dès 1475, et dont Millet s'est inspiré dans son tableau incomparable.

La Salutation angélique fut annexée à l'Oraison dominicale en souvenir de cet événement mémorable ; il existe entre ces deux prières des rapports si intimes, des connexions si grandes qu'on serait tenté de les prendre pour une seule et même prière. C'est un hymne que la terre et le Ciel chantent à la gloire de Marie.

Un escalier creusé par les Croisés permit de découvrir le lieu de l'Annonciation, après les guerre des Arabes.

On visite encore une petite église de simple apparence, sur l'emplacement de l'atelier du charpentier Joseph, alors qu'en Europe on élève d'immenses basiliques, où le marbre, les riches verrières, l'or sont jetés à profusion.

Des ruines importantes ont été mises à jour.

Dieu veuille qu'elles soient un jour enclavées dans un monument digne des catholiques !

Un tableau ex-voto d'un artiste français orne le retable ; c'est une œuvre d'un goût exquis : Jésus Enfant, sur l'établi de son père adoptif, encastre deux petites pièces de bois ; saint Joseph, grave et noble, écoute l'explication que semble démontrer Jésus, et la jeune Vierge, enveloppée d'un vêtement modeste où l'on reconnaît le type des jeunes filles de la localité, semble ravie de son divin Fils.

C'est bien le portrait que Marie d'Agréda en donne dans la *Cité mystique de Dieu*. La quenouille repose entre ses mains, la Vierge en effet, ne devait-elle pas s'occuper de travaux manuels et vaquer aux affaires du ménage ?

C'est encore là, sans doute, que la mort à laquelle nul n'échappe vint frapper le charpentier. Il faut qu'il soit mort avant les noces de Cana, qui ouvrent la vie publique de Jésus de Nazareth.

A la fontaine de la Vierge, un peu en dehors du village, j'ai vu les femmes du pays avec leur costume traditionnel, portant une amphore élégante sur la tête ; c'est à cette fontaine unique que la sainte Famille venait aussi puiser de l'eau. Quel esprit pourra concevoir, quelle langue pourra exprimer et quel cœur pourra

assez admirer les paroles et les actions mater-
nelles de la Vierge, comme mère et comme
épouse ? Comme elle devait être touchante en
son intimité !

Près de là, où j'avais installé mon appareil
photographique, est un frais vallon dans lequel
je m'étais engagé. L'air, sous l'influence de la
chaleur, s'imprégnait de l'odeur forte de mille
senteurs de fleurs sauvages ; des chants d'oiseaux
qui m'étaient inconnus me plongeaient dans
une douce rêverie et je fus envahi par un charme
indéfinissable.

On peut encore aller voir la chapelle de la
Table de Jésus-Christ renfermant, sous une coupole, un bloc de craie où les Apôtres auraient
mangé après la résurrection du Christ ;

La Synagogue où Jésus, comme les enfants de
son âge, fut instruit ;

Notre-Dame de l'Effroi ou *Sancta-Maria del
Timor*, d'où la Vierge vit son Fils emmené sur
le mont *Saltus Domini* par les Nazaréthains qui
avaient l'intention de le mettre à mort en le
jetant du haut du précipice, mais il se rendit
invisible à leurs yeux, trompant ainsi leur projet criminel (Saint Luc, iv, 28).

L'hôpital des Sœurs de Saint-Joseph renferme
une vingtaine de lits ; nous visitâmes les malades
en leur adressant quelques paroles consolatrices.

Puis l'orphelinat des Dames de Nazareth : enfin, dans la chapelle des Clarisses, on voit une châsse de sainte Claire étendue dans ses vêtements monastiques de religieuse de l'*Ave Maria*.

CHAPITRE XXI

De Nazareth à Tabarich (Tibériade). — Cana. — Loubiel. — Karn-Hattine. — Lac de Génézareth. — Forteresse de Tancrède.

La route est carrossable, cependant des fondrières ralentissent les attelages, mettant en éveil les conducteurs ; c'est qu'en Turquie on ne sait pas réparer. On est encore ici le jouet de la barbarie, d'un despotisme ignorant.

A mi-chemin, on s'arrête à Cana afin de laisser souffler les chevaux, c'est bien là, la Cana de Galilée de l'Évangile ; une chapelle moderne s'élève sur les ruines d'une ancienne église Constantinienne construite sur l'emplacement de la maison de Simon le Cananéen, où Notre-Seigneur fit le miracle de l'eau changée en vin.

Une autre petite chapelle fort modeste s'élève sur le lieu de la maison de saint Barthélemy, nom patronymique qui veut dire « Fils de Tholomée. »

Les pluies d'hiver font dans cette partie de la plaine des boues profondes ; à l'été, la chaleur forme dans le sol des gerçures qui pro-

duisent des excavations et des tranchées vérita-
blement dangereuses.

Vers la droite, est le village de Loubiel où
Junot soutint un combat héroïque en avril 1799.
Sur le flanc de la colline Kefr-Sabt, habitent les
Algériens qui suivirent l'émir Abd-el-Kader ;
ils sont sous la protection française.

Vers la gauche, est la colline de Karn-Hatine,
ainsi appelée parce que ses deux extrémités se
relèvent en forme de cornes.

Sur le sol, on foule la cendre des ossements
des chevaliers croisés qui firent de leur corps
un dernier rempart à leur roi Guy de Lusignan,
(4 juillet 1187).

Le tournoiement du vent apporte encore, dit-
on, la plainte des mourants et les chants de victoire des hordes sarrazines.

Ce fut le Waterloo latin !

Passant, qui que tu sois, prie Dieu pour ces
chevaliers sans peur ni reproches !

Derrière la colline, est le tombeau de Jethro
qui donna sa fille Séphora en mariage à Moïse,
grand chef et législateur du peuple hébreu.

C'est avec tristesse que l'on passe, en
ces contrées, aux plaines dénudées dont le
sol couvert de débris atteste le fatalisme otto-
man.

Le lac de Génézareth est devenu, par antonomase, la mer de Galilée, à 200 mètres *au-dessous* du niveau de la Méditerranée.

Non loin, Baudouin, 1er roi de Jérusalem, remporta une brillante victoire à Tibériade, sur une partie des troupes de Malduc de Korazan, lorsque, quelques jours plus tard, au mois de juin 1113, les Croisés plièrent devant les forces réunies de Malduc, Temireck et Toghtekin.

La ville actuelle de Tabarieh est placée au bord du lac, dont la largeur en cet endroit est d'une dizaine de kilomètres.

La forteresse de Tancrède offre encore une masse imposante ; malheureusement les fortifications qui entourent la ville se désagrègent sous l'incurie ottomane.

Les Juifs forment le noyau de la population et ont en grande vénération le fondateur de l'école de Tibériade, Juda Kadoveck, qui est regardé comme l'auteur de la Mischena, partie du Tamuld qui forme le complément de la Bible.

La nation déicide reçoit ici des secours d'argent d'Europe.

Le soir même de notre arrivée, nous fîmes une charmante partie de bateau vers Magdala et Betsaïda dont nous avons foulé les ruines couvertes de ronces et d'épines.

Là, était la demeure de saint Pierre et des

premiers disciples du Sauveur, tous chefs de famille de pêcheurs. On sait, en effet, que sainte Pétronille, diminutif de Pierre, passe pour être la fille légitime du prince des Apôtres ; les Apôtres ne vécurent dans la continence qu'après s'être attachés à Jésus de Nazareth. Seul, saint Jean aurait conservé son innocence qui lui attira l'insigne faveur de se reposer sur la poitrine du Maître lors de la Cène.

Ce fut à Capharnaüm, — on l'aperçoit vers le Jourdain, que Notre-Seigneur guérit la belle-mère de Pierre, nous donnant un exemple de l'amour filial d'un pauvre pêcheur.

Nous entrevoyons encore la vallée du Ghôre où coule le Jourdain à sa sortie du lac pour aller à la mer Morte.

L'air du soir était rempli d'harmonie, une brise légère soulevait la voile, c'était le moment de se rappeler ou jamais le sommeil du Sauveur du monde, entouré de quelques-uns de ses disciples, au milieu de la tourmente qui se soulève parfois encore de nos jours sur ces eaux limpides et poissonneuses.

Il semble que l'amour de Dieu plane encore sur le lac, comme la colère du Très-Haut souffle sur les eaux du gouffre de la mer Morte.

Des voix fraîches entonnèrent l'hymne de l'*Ave maris Stella* et remplacèrent le droit de péage qui était autrefois établi sur le lac entre les villes de Tibériade, Tarichée, Bethsaïde et Capharnaüm.

Au repas du soir, à la Casa-Nova des R. P. Franciscains, je pris la parole, sollicité par mes compagnons de voyage, afin de remercier nos hôtes de leur généreuse hospitalité.

Je fus autorisé à passer la nuit sur la terrasse, à la clarté des étoiles, aux bruits mystérieux qui tombent des montagnes, enserrant le lac comme les joyaux d'une couronne ; au fond du cœur je refoulai les mille divagations de la terre et je ne gardai que les douces pensées de Dieu et de la France.

En cette nuit, je goûtai vraiment les charmes du pèlerinage lointain, me souvenant que nos ancêtres aimaient à entreprendre ces voyages.

Que d'illustres visiteurs à travers les siècles sont venus jalonner ces saints lieux qu'il m'était donné de voir !

Le lendemain, à la pointe du jour, je me réveillai au bruit et au mouvement de la population.

A la chapelle, nous fîmes une halte où nos prières durent monter plus droit au ciel. Au-dessus du maître-autel est un bronze du Bon Pasteur portant un agneau sur ses épaules, selon la coutume du pays, et au-dessous dans un car-

touche : « Pais, mes brebis », mots qui reten-
tissent à travers les âges et sont bien la mani-
festation de la charité d'un Dieu.

————

CHAPITRE XXII

Au Thabor. — Ruines archéologiques.

Tous les peuples musulmans vénèrent au Thabor la transfiguration du Sauveur; c'est là, disent-ils, que Moïse et Élie sont venus lui rendre hommage.

Moïse, législateur et vainqueur des rois ; Élie, la terreur des princes impies, qui pouvait faire descendre le feu du ciel et qui s'est élevé lui-même sur un char de lumière.

Au temps de la conquête égyptienne, le Thabor se trouvait sur la route suivie par les armées qui se rendaient des bords du Nil aux bords de l'Euphrate.

C'est une montagne conique qui s'élance d'un seul jet à 600 mètres au-dessus de la plaine de l'Esdrelon ; en analogie avec le Stromboli qui s'élance du sein des eaux, elle lui ressemble par l'élévation, l'isolement et la forme; sur les pentes raides et couvertes de roches, croissent des arbres forestiers.

Le Stromboli est évité des navigateurs, le Thabor est la montagne sainte de la Transfiguration et appartient à cette trilogie de hauteurs en vénération chez les peuples, le Thabor, en Galilée, le Moriah, en Judée, et le Garizim, en Samarie.

Epiphane l'Agiopolyte parle d'un escalier de 4.340 marches, construit par sainte Hélène à l'instar de l'escalier du Sinaï; il n'en reste aucun vestige.

Nous laissons sur notre droite une plaine riche en souvenirs historiques, car à toutes les époques elle servit de champ de bataille : c'est au pied du petit Hermon que le 16 avril 1799, le général Bonaparte avec Kléber remportèrent la brillante victoire du Thabor, sur Abdallah, pacha de Damas, qui s'était établi à El-Fouleh au sud de Nazareth ; c'est le *castrum Fabe* des croisés.

Ce fut vers 1858 que les Frères Mineurs entreprirent le déblaiement du plateau sur 4.000 mètres carrés. Les fouilles ont été fructueuses ; outre la grande basilique des croisés, on a découvert les ruines de deux chapelles et quatre oratoires qui semblent remonter au-delà du VIIIe siècle ; la première enceinte sous Flavius Joseph, le couvent des Bénédictins, la forteresse Sarrasine, un cimetière antique.

Les Latins et les moines grecs hétérodoxes ont

construit des hospices et chapelles pour recevoir les voyageurs.

Je renonce à dépeindre la splendeur du spectacle que l'on voit, la poésie et la musique pourraient seules traduire cet enchantement des yeux, et me rappelle l'exclamation de Massillon : « Dieu seul est grand. »

Les localités que les Écritures mentionnent comme villes importantes ne sont plus que de pauvres villages.

Ce n'est pas sans un serrement de cœur que l'on quitte cette montagne pour redescendre dans la plaine ; nous serrâmes avec une sincère émotion les mains des moines au front bruni par les méditations, et aux joues ridées par les austérités.

Je montais, ce jour-là, un cheval turc très solide, doux et patient, tandis que les dames avaient de petits ânes les plus drôles du monde.

CHAPITRE XXIII

Longtemps la Syrie fut plongée dans les superstitions du paganisme; le grand nombre de ruines de monastères prouve que le Christianisme y fut florissant avec ses anachorètes dont le genre de vie était fort austère, et qui ont disparu pour faire place aux nombreux couvents de tous les rites d'une civilisation raffinée.

Rien ne prouve plus sensiblement la divinité de la religion chrétienne que la manière dont elle s'établit dans le monde ; dénuée de tous secours humains, elle triompha des efforts réunis des philosophes et des princes païens.

Les croisades changèrent profondément la Syrie ; les lois et jusqu'au langage des croisés y furent adoptés.

La côte de l'Amanus à l'Égypte forma des principautés chrétiennes : le royaume de Jérusalem ayant pour vassaux le prince de Tibériade, les seigneurs de Ramlé, de Jaffa, Naplouse, Césarée, Ptolémaïs, Beyrouth et Tyr.

Au centre, la contrée de Tripoli ; au nord, la principauté d'Antioche et le comté d'Edesse.

La Syrie actuelle appartient aux Turcs depuis les dernières victoires du sultan Sélim, en 1516.

Un brigantin turc nous transporta de Caïffa à Beyrouth. Le départ avait été fixé à 5 heures du matin : nous longeâmes la côte et successivement Saint-Jean d'Acre, Tyr et Saïd apparurent à notre vue avec toute l'étendue de leur littoral qu'on peut voir de la mer.

Vers deux heures de l'après-midi, nous débarquâmes en petite rade, non loin de torpilleurs attachés à la défense. C'était par un temps calme et un soleil radieux ; pas une ride sur l'eau ; à l'horizon, le ciel et la mer se confondaient intimement de manière que l'on ne pouvait distinguer où commençait l'un et où finissait l'autre.

Le coup d'œil sur l'ensemble de la ville est des plus pittoresques ; elle s'étage sur toute la colline, dominée de hauteurs rocheuses où s'élèvent des forts pris en 1840 par l'escadre anglo-autrichienne, rappelant les exploits du moyen âge du maréchal français Le Meingre, dit « Boucicaut ou Bouciquaut », qui, en vrai français, signifie « mercenaire », homme qui fait tout à prix d'argent. Ce fut un surnom qu'on lui donna à la cour du roi Jean, transmis héréditairement, aux membres de la famille ; les événements qui font les grandes réputations, le purifièrent au point que ce nom peut le disputer aux plus nobles de notre pays. Les cendres des Boucicaut reposèrent pendant des siècles dans les caveaux de l'église Saint-Martin de Tours.

Les villas, minarets, casernes se détachent de ce panorama attrayant. C'est la cité maritime des Druses.

Des essaims de curieux se heurtent sur le quai ; c'est un mélange confus de Turcs et d'Arabes, vigoureux et trapus, aux costumes les plus variés.

Beyrouth fut une colonie florissante sous Auguste qui lui donna le nom de Felix Julia.

Les croisés s'en emparèrent plusieurs fois. C'est, en un mot, une grande et belle ville ; l'hiver y est inconnu.

En fait d'établissements français, il y a lieu de citer :

1° L'Université des Jésuites qui continuent leur sillon dans le monde, laissant à leurs œuvres le soin de les défendre et de parler pour eux ;

2° L'hôpital des Lazaristes, desservi par les sœurs de Saint-Vincent de Paul;

3° L'orphelinat des Dames de Nazareth ;

4° Les Franciscains de Terre Sainte.

Partout où il y a une douleur à guérir, une larme à essuyer, une âme à sauver, du bien à opérer, vous rencontrez les apostolats catholiques.

En adoptant une carrière vouée aux œuvres de charité, ces grandes âmes ne se dissimulent pas qu'elles embrassent une vie de sacrifices et d'immolation. S'il est des jours de joie pour ceux appelés à diriger la jeunesse, il y a aussi des journées sombres et nébuleuses.

Nous avons eu ici à nous mettre en garde contre les moustiques et les cousins, dont la piqûre offre un caractère fâcheux, comme celle des puces ; il faut à tout prix s'acclimater à leurs saignées ; on finit par s'y faire.

M. N..., qui se consacre depuis de nombreuses années au vaccin et à qui j'avais été recommandé de France, fut pour moi un ami de quelques heures dont la conversation fut pleine d'intérêt.

Une grande aisance paraît exister ici, par suite de l'élevage des vers à soie.

CHAPITRE XXIV

Chemin de fer à Damas. — Druses. — Fortification. — Maison d'Ananie. — Tombeau de Saint Georges. — Léproserie. — Mosquée des Ommiades. — Tombeau de Nour-ed-Din. — Cimetières musulmans et catholiques. — Mausolée d'Abd-el-Kader. — Khan. — Citadelle. — Les Lazaristes.

En suivant le bord de la mer on arrive au débarcadère, tête de ligne du chemin de fer à Damas. La voie ferrée monte en décrivant des courbes très hardies, et des lacets plus hardis encore ; la machine est munie de crans qui s'engagent dans un système particulier à crémaillère, sur les croupes formidables du Liban. Les yeux ne se lassent pas d'admirer les immenses panoramas qui varient au fur et à mesure que la locomotive dévore l'espace, les gorges profondes où s'étagent, au moyen de murs de soutènement, des vergers d'oliviers, mûriers, figuiers, caroubiers, orangers, dattiers, citronniers et myrtes ; partout enfin où il y a un peu de terre propre à la végétation les flancs des montagnes présentent l'aspect d'un escalier ou d'un amphithéâtre.

Les paysages sont animés par de nombreux

troupeaux de chèvres à long poil noir et de moutons à large queue. Il sont conduits par des bergers jouant des airs bizarres sur une flûte champêtre.

La ligne ferrée descend bientôt vers la plaine, l'aspect change comme par la puissance des fées : des haies de roses embaument l'air, la végétation est plus riche, accélérée par la chaleur et adoucie par la rivière du Barada : descendant des cimes neigeuses perpétuelles de l'Hermon, ses eaux impétueuses roulent sur un fond de gravier et de sable, entre des rives sombres. Un long cordon de bois ombreux se déroule vers la ville, il est appelé « le paradis » par les habitants originaires du pays.

Une légende du Talmud rapporte que Caïn tua son frère Abel non loin de Damas ; cette terre fut donc l'un des premiers berceaux du genre humain.

Les Turcs, par leur insouciance de tout moyen d'instruction, sont responsables de l'état de choses actuel ; les Druses forment une population qui a jusqu'ici secoué le joug des Sultans : c'est une caste séparée depuis des siècles ; ils sont unitaires, croient en un seul Dieu et ont un certain nombre de livres religieux ; tout en conservant le rite syrien, ils se sont ralliés à l'Église Romaine. Leurs émirs, prisonniers à Constantinople à la suite des événements sanglants de 1860, viennent de leur être rendus ; ils ne s'allient pas hors de leur classe noble.

Les Druses se reconnaissent à leur turban blanc qui ceint le fez.

Ils habitent certaines montagnes où ils trouvent un repaire inexpugnable, haïssant la plaine, comme les Bédouins méprisent les monts.

Ces hauteurs ont aussi leur Spielberg environné de silence, de terreurs et de neiges. Les oiseaux de proie fuient avec vitesse ces lieux où résonnent les tournoiements des vents tempétueux ; l'aigle, à l'exclusion de tous, ose fixer encore le soleil levant.

L'Hermon, dont les orgueilleux sommets sont chargés de sillons de neiges éternelles, de sombres glaciers et gorges profondes à l'abri des rayons du soleil, paraît de loin aux yeux étonnés des voyageurs qui, eux-mêmes, ne sont plus dans cette immensité que des oiseaux de passage.

Le mur d'enceinte de la ville présente dans sa contexture une origine romaine par ses assises à fleur de terre, puis du temps des Arabes et enfin de l'occupation turque.

Une tour antique munie d'une fenêtre est considérée comme étant le lieu précis de l'évasion légitime de saint Paul, dont la conversion aux portes de Damas, entre les mains d'Ananie, disciple de Jésus-Christ, avait irrité les Juifs. A cette époque, Damas était sous la domination d'Aretus, roi d'Arabie et beau-père d'Hérode Antipas.

La maison d'Ananie est transformée en chapelle avec crypte appartenant aux Latins. De l'autre côté du chemin, est le tombeau en grande vénération des chrétiens, et qui renferme, selon une tradition digne de respect, le crâne de saint Georges, qui aida saint Paul dans sa fuite.

On sait que non loin de Beyrouth, sont les lieux où saint Georges occit le serpent, où se tenait la jeune fille qui devait être dévorée, où se voyait l'olivier auquel fut attaché le cheval, et enfin la source qui jaillit au coup de lance.

La ville est divisée par quartiers, dont les lourdes portes de bois sont sous la garde d'aveugles.

En Syrie, comme en Égypte, on rencontre beaucoup de gens affectés de maladies d'yeux ; l'ophtalmie règne d'une manière souveraine, elle est le résultat d'une mauvaise nourriture.

On se heurte à des bandes de chiens qui encombrent les carrefours où leur utilité est constatée ; les indigènes leur jettent du pain, comme nous faisons l'aumône à un pauvre ; je me suis laissé dire que certaines familles ont fait des fondations de pain à la race canine.

Je ne puis passer sous silence les bazars connus de notoriété, sous d'immenses galeries voû-
tées. L'industrie y étale ses trésors ; les curieux
et les acheteurs affluent de toutes parts et à toute
heure du jour, excepté les vendredi, samedi et
dimanche, jours fériés des musulmans, des juifs
et des catholiques. L'opulence et la misère s'y
coudoient, hélas ! et toutes les villes d'Orient
portent le même cachet. Ici, le croissant a rem-
placé la croix, tandis que sur le sol de France,
rien n'occupe la place de la croix absente ; l'important, pour le musulman, est de croire, le
reste est peu de chose.

Que me diront les esprits forts devant cet
axiome ?

La léproserie d'Hadira renferme une douzaine
de malheureux des deux sexes d'un certain âge ;
ils prennent part quand même aux réjouis-
sances publiques en se portant aux portes et
à certains endroits qui leurs sont désignés par
la police locale pour exciter la pitié. C'est le
tableau navrant d'une profonde misère, auquel
nul ne reste insensible. Leur existence ne
paraît pas abrégée ; j'ai touché les mains de plusieurs de ces vieillards, sachant que le peuple
hante les lépreux, les touche, mange avec eux
sans qu'il en résulte d'accidents.

La mosquée des Ommiades, près la citadelle des

croisés, est une ancienne basilique chrétienne du ve siècle. On y conserve le chef de saint Jean-Baptiste et les ossements de Zacharie, son père, sous un dôme de bois doré.

On y conserve encore un exemplaire du Coran que le calife Othoman fit copier sur celui déposé par Aboubekr chez sa fille Aïcha, veuve de Mahomet. Aboubekr repose à La Mecque comme l'un des premiers apôtres de la religion du prophète.

Deux rangs de colonnes de marbre divisent l'édifice en trois nefs. Un incendie en 1886 détruisit une partie de la mosquée, près du minaret El-Garbiyé, composé de trois galeries superposées d'une belle architecture.

Le panorama qui se déroule en ce point est fort étendu et d'un admirable ensemble.

Quand on a vu une mosquée on peut se dire que l'ordonnance est toujours la même. La civilisation européenne a adouci la loi de grande sévérité qui défendait de pénétrer à l'intérieur, maintenant l'on y rentre et y reste la tête couverte.

Aussitôt que l'on a franchi la porte d'entrée d'une mosquée, on remarque une fontaine nécessaire aux ablutions indispensables. Quelques marches séparent la cour du sanctuaire où une niche dans la muraille indique la direction de La

Mecque et, tout près, une chaire. Des tapis et des nattes couvrent les dalles ; des versets du Coran ornent les murs et aux voûtes sont suspendus des œufs d'autruche, à l'instar de nos ex-voto. Il n'y a point d'objets de culte comme dans nos églises catholiques.

En parcourant les galeries on remarque quelques mausolées où sont accrochés aux fenêtres en treillis des morceaux d'étoffe à la suite d'un vœu, pratique antique. A signaler entre autres le tombeau du fameux Nour-ed-Dine, qui fut l'un des plus ardents adversaires des croisés.

Les cimetières des Musulmans sont des cités, avec leurs tombes sans un nom, sans une date, avec de petits dômes au-dessus des chambres sépulcrales où la séparation des sexes est observée comme dans la vie.

Je n'y ai jamais entendu le chant d'un oiseau, on y sent que le domaine de la mort est tangible à celui de la vie ; la tristesse attache autant le cœur que la grandeur élève l'âme.

Les cimetières européens et catholiques sont à part ; j'y ai lu bien des noms ensevelis dans les ténèbres de l'oubli, et mes pas ont troublé un instant le silence qui règne au sein de cet asile des morts ; détachant quelques pétales aux fleurs sauvages et éphémères qui courbaient leurs corolles sous mon passage, j'en semais les feuilles aux caprices du vent, et je les vis s'abattre sur de longues pierres dont les noms sont connus de Dieu seul.

A Damas, je fis une visite aux descendants de l'émir Abd-el-Kader, dont la bravoure est héréditaire.

On sait que le corps de l'émir repose, depuis le 26 mai 1883, par ordre du Sultan Abd-el-Aziz auprès d'un très saint personnage nommé Sidi Mahi-ed-Din Elen-el-Arabi-el-Andalous, qui était un philosophe et poète du xiiie siècle, et sous la même coupole à la mosquée de Salayié, qui est dans un faubourg, à vingt minutes de la grande ville.

Quelles que soient les couleurs de votre drapeau national, nobles voyageurs ou hommes du peuple, découvrez-vous devant ce mausolée ; car c'est là qu'est venu mourir, loin de l'Algérie, un grand et chevaleresque exilé.

Ta place, ô émir, au milieu de tes Algériens bannis est vide ; leurs regards voilés de pleurs te cherchent vainement à travers les ombres de la tombe ; tu as accompli ta tâche et tu reposes en paix dans le sein de Dieu. Le souvenir de tes vertus ne s'effacera jamais de l'histoire.

Au château d'Amboise, on remarque, sur la terrasse du midi, un monument funéraire couvrant un enfant, mort durant le séjour de l'émir.

Accompagné d'un drogman, j'ai été reçu par
le frère de l'émir Sidi Achmed, vieillard de
soixante-dix ans environ, qui joint à sa naissance
illustre les plus brillantes qualités de l'esprit, et
dont le séjour à Amboise est resté un souvenir
immortel en son âme brisée par la douleur.

L'émir se souvient encore de M. Charles
Gabeau, qui fut attaché auprès de sa famille,
comme interprète, de 1848 à 1852.

Dans un langage fleuri, cher aux Musulmans,
il me dit un adieu pour toujours peut-être par
cette sentence : « Que Dieu accompagne tes pas. »

Les descendants d'Abd-el-Kader sont actuellement à Damas : savoir les émirs Achmed, Abd-
Allah, Ali, Omar, Abd-el-Maleck.

Le Khan, ou entrepôt des marchandises en
gros, est un bâtiment à plusieurs coupoles et les
assises de pierres sont alternativement noires et
jaunes.

La citadelle est encore une imposante forteresse avec des tours ayant balcon en encorbelle-
ment ; les soubassements sont formés de gros
blocs à refends ; le Barada coule le long des
murs vers le nord ; les chrétiens y trouvèrent, en
1860, un asile inviolable sous la garde des Algériens de l'Émir.

Quelques maisons curieuses attirent l'attention

des voyageurs ; on pourra visiter la maison d'Abd-el-Kader, d'Asad-Pacha et de Joseph Ambar.

C'est une ville en pleine activité, et au tumulte de la rue, il faut ajouter les chants d'une tonalité spéciale des lépreux, des derviches et des muezzins.

Je ne tardais pas à entendre des imprécations vociférées par quelque malheureux que l'on malmenait à coups de bâton, ce qui excita ma compassion. Je m'approchai d'un groupe d'Arabes dont les rangs s'ouvrirent à ma voix ; c'est alors que profitant d'un mouvement de surprise, j'engageai le policier à avoir plus de ménagement pour ce pauvre diable auquel je remis un petit pain. J'avais du même coup obtenu plus d'humanité d'une part et de docilité de l'autre.

Le R. P. Bernhard, supérieur des Lazaristes, nous reçut avec cette bienveillance cordiale dont il a le secret ; il nous fit accompagner d'un cicerone dont il est superflu de faire l'éloge. Là, sont des serviteurs dévoués à la civilisation et à la société, initiant le peuple aux progrès dont le résultat heureux est de le relever.

CHAPITRE XXV

Baalbeck. — Temples de Jupiter et du Soleil. — Retour
en France sur le *Sénégal.*

La Syrie, devenue province romaine, parvint
sous Auguste, Trajan et Septime-Sévère, au plus
haut degré de prospérité. La longue domination
des Séleucides en avait fait une seconde Grèce :
c'est de cette époque que datent les monuments
de Baalbek.

A la station de Schtora, une route carrossable
mène au pied du Liban en quelques heures.

Baalbek, découverte au xvi⁰ siècle, est une
excursion pour les savants et les touristes. C'est
un lieu qui, malheureusement, a beaucoup souf-
fert du tremblement de terre de 1750 ; les ruines
portent le deuil des ravages des Califes des
Ommiades au viii⁰ siècle, et de Tamerlan, lors
de ses conquêtes en Syrie sur le sultan d'Égypte
en 1400. Certains vestiges restent attribués aux
Juifs, alors que sa fondation semble remonter à
Salomon. Elle était florissante sous Antonin le
Pieux et Julia Domna qui y élevèrent des

temples dont les ruines accusent l'architecture des premiers siècles.

Des monnaies à l'emblème du colon et du bœuf prouvent qu'elle était alors une colonie romaine ; sur les bronzes de Septime-Sévère, on retrouve l'image des Temples de Jupiter et du Soleil.

Un petit ruisseau ombragé d'arbres verts sépare la ville moderne de l'Acropole dont le sol s'élève à quelques mètres au-dessus du terrain environnant, sous lequel sont de vastes souterrains voûtés.

Du temple de Jupiter, jadis célèbre dans le monde, il ne reste que six colonnes faisant partie du péristyle et reposant sur un mur de gros blocs ; un riche entablement couronne les chapiteaux à une hauteur de plus de vingt mètres.

Une muraille cyclopéenne présente dans ses assises inférieures des blocs de vingt mètres de long sur quatre mètres de haut et sans doute autant d'épaisseur.

Le temple du Soleil est indépendant, c'est une construction bien conservée de nos jours. Quatre colonnes reliées entre elles sont encore debout vers le sud.

A l'ouest, il y a trois colonnes ; les croisés y élevèrent un sanctuaire.

Du côté du nord, le péristyle est entier.

Le pronaos est le joyau du temple ; sur le linteau, on distingue un aigle tenant un foudre dans ses serres, et dans le bec, une guirlande dont les extrémités sont tenues par des génies.

Un troisième temple dont l'extérieur est remarquable, est situé dans le village même ; autour d'une cella demi-circulaire huit colonnes corinthiennes monolithes se détachent.

Non loin est une carrière d'où sont sortis des blocs de pierre des temples ; l'un de ces derniers est resté sur place et mesure plus de 25 mètres.

Ruines solitaires ! murs silencieux, je vous salue !

En quittant l'hôtel Bellevue, non loin du consulat français à Beyrouth, nous prîmes passage sur le *Sénégal,* paquebot des Messageries françaises, capitaine Charbonnel. Force nominative : 600 chevaux ; tonnage : 3.668 ; longueur : 125 mètres.

Il nous fallut toutefois passer par la douane, et les droits qu'elle perçoit, quand on ne les repaye pas, sont remplacés par des vexations ou des bachichs.

Sur le pont, nous trouvâmes un grand nombre de Libanais à destination de l'Amérique où

un tiers prospère, un tiers y meurt, un tiers
revient au pays natal. Ces Libanais appartenaient à la secte des chrétiens Maronites, et prétendent que la foi leur a été transmise des temps
apostoliques. Leur chef, qui porte le titre de
patriarche d'Antioche, réside au monastère de
Canubin, sur le mont Liban, où on conserve la
langue chaldéenne.

Maintenant, un adieu à ce beau ciel d'Orient
que je ne reverrai peut-être plus, mais dont le
souvenir ne s'effacera pas.

J'avoue que j'éprouvais un sentiment de satisfaction en pensant que je venais d'accomplir ce
pèlerinage que j'avais projeté depuis longtemps.

Ah ! la patrie absente ! pour aimer son pays,
il faut l'avoir quitté.

Pour nous, Français, nous ne saurions sans
souffrances séjourner longuement hors de nos
frontières ; le clocher natal orné du coq gaulois
ou de la croix du Rédempteur nous rappelle
nos affections, le foyer, les joies et les dou-
leurs.

A Port-Saïd, le paquebot fut en quarantaine
une partie de la journée avec défense de com-
muniquer avec la terre.

La peste, en Égypte, ne se déclare que lorsque
un été sec et chaud se joint à l'humidité.

Toutefois, à Alexandrie, sur le permis du service de santé du port, nous fûmes autorisés à visiter la ville.

Depuis le protectorat anglais à la suite du bombardement de 1882, la ville a repris sa brillante civilisation. La nouvelle ville s'accroît des progrès commerciaux avec l'Europe.

Nous quittâmes l'Égypte par un temps calme ; la nuit, une forte brise amena une ondée qui rafraîchit le temps et, le jour suivant, nous jouissions d'un phénomène rare dans le ciel : une éclipse de soleil.

Enfin après neuf jours passés en présence de l'immensité et avec de nouveaux visages indifférents, la traversée fut des plus heureuses.

Néanmoins nous dûmes séjourner vingt-quatre heures au lazaret du Frioul : les vagues soulevées par un mistral violent ne nous permirent pas d'entrer immédiatement dans le port de Marseille. Après une tentative infructueuse des remorqueurs, pendant laquelle une main mystérieuse semblait nous protéger d'un danger imminent, le *Sénégal* dut attendre la pointe du jour, et le 31 mai, alors que la tourmente était apaisée, que le ciel avait repris sa sérénité, nous débarquions dans des transports de joie.

Quelques heures après, nous gravissions à nouveau le chemin qui conduit à Notre-Dame de la Garde, où devait se terminer notre pèlerinage, commencé et accompli sous sa protection.

Que le Ciel en soit béni.

C'est une chapelle qui mérite les hommages et les respects de tous les catholiques.

Non loin du fort et des batteries que le génie militaire a su construire sur ces hauteurs, Notre-Dame de la Garde s'élève loin des agitations de la vie humaine ; c'est à la fois la solennité de la montagne et la joie de la mer.

Là, après avoir remis notre offrande, nous nous séparâmes.

Quand on a passé quelques semaines à partager les mêmes jouissances, les mêmes émotions et les mêmes inquiétudes, on ne se quitte pas sans un serrement de cœur, aussi y a-t-il dans les adieux une peine morale cachée qui n'en est pas moins vive de part et d'autre.

La vie est un perpétuel détachement, comme pour nous préparer à l'ultime séparation de la mort. La foi et la charité sanctifient et anoblissent cette douleur, tandis que l'espérance tranporte l'âme humaine vers le Dieu des miséricordes, auprès de qui rien ne passe et ne lasse.

CHAPITRE XXVI

Épilogue

Érection de la croix des pèlerinages Saint-Louis à Jérusalem en 1900, à Pontmain (Mayenne.)

La croix des pèlerinages Saint-Louis, en mai et septembre 1900, a été élevée en face de la porte latérale, près de la grille de clôture de l'esplanade qui environne la basilique de Pontmain, le jour même de la consécration le 15 octobre, en la fête de sainte Thérèse, par Mgr Geay, évêque de Laval, assisté de Mgr Meunier, évêque d'Evreux, et de Mgr Leroy, évêque d'Alinda, des missions d'Afrique.

Lors de la procession présidée par les trois évêques et qui s'est déroulée dans les jardins du monastère des Oblats de Marie, les pèlerins qui avaient fait partie des pèlerinages de Terre-Sainte s'étaient empressés de se joindre au clergé pour porter sur leurs épaules la croix, qui avait été exposée sur un tombeau de couleur écarlate semé de roses, au milieu du transept de la nouvelle basilique.

Au pied du Calvaire, qui s'élève au centre de

la propriété des R. P. Oblats, le R. P. Lemius, Supérieur des chapelains du Sacré-Cœur de Montmartre, prit la parole. D'une voix chaude et entraînante il énumère les maux dont le Christ peut et doit nous délivrer par sa croix, maux dont le pontifical, dans les prières répétées le matin même, fait tristement mention : le trouble, l'anxiété, la misère, la peste, les maladies, les infirmités et les incursions de l'esprit mauvais.

Délégué pour remettre officiellement la Croix de Jérusalem aux R. P. Oblats de Marie, de la communauté de Pontmain, il m'a été permis de m'exprimer en ces termes au moment même de la plantation de la croix :

MONSEIGNEUR,

Salut et merci de m'avoir autorisé à prendre la parole au pied de ce bois béni.

Délégué des pèlerins des pèlerinages Saint-Louis en 1900, je suis heureux et fier d'être l'interprète de ces cœurs vaillants qui s'en vont au printemps et à l'automne vers les Lieux Saints, sous la conduite de leur infatigable pionnier, Monsieur l'abbé Potard, du diocèse de Paris, chevalier du Saint-Sépulcre.

Si les jeunes voyants de l'année terrible étaient autour de moi, ils me diraient : « Encore quelque chose qui se fait. » C'est qu'en effet, la Vierge miraculeuse de Pontmain a voulu avoir, près de la basilique qui s'élève ici, l'image de la croix de son divin Fils ; une croix ! n'est-ce pas le symbole de la noble Victime du Golgotha qui, depuis vingt siècles bientôt, est montée au Ciel ?

Quelles pages on écrirait si l'on voulait retracer le défilé des pèlerins à travers les rues de Jérusalem ! Comment dépeindre leur pieuse émotion en suivant pas à pas la voie douloureuse que parcourut le Sauveur, et les regards avides des Musulmans devant un si imposant spectacle, eux pour qui la glorieuse Victime des chrétiens n'est que le prophète *Issa*, qui s'est transfiguré sur le sommet du Thabor ?

Un incident inaperçu, mais bien caractéristique, demeurera inoubliable dans nos souvenirs.

Nos épaules étant trop faibles et meurtries sous le poids de la croix trop lourde, nous dûmes employer le concours de Turcs catholiques qui, comme Simon le Cyrénéen, nous aidèrent à transporter la croix à la maison de Bérénice, plus connue sous le nom de sainte Véronique, et qu'une tradition bazadaise croit d'origine gauloise, et qui a été rendue à jamais célèbre par son acte magnanime d'essuyer la face sacrée du Sauveur du monde.

Puis nous nous transportâmes à la porte Judiciaire, où nous croyions encore voir affichée la sentence de mort du Christ prononcée par Pilate :

Jésus de Nazareth, roi des Juifs.

On sait que la porte Judiciaire donnait autrefois sur des terrains vagues et en dehors de l'enceinte fortifiée par les rois de Juda, faisant une courbe vers la partie septentrionale du mont Sion, où s'élevait la ville, de la forteresse de David à la forteresse Baris, à l'angle nord-ouest du parvis du Temple ; et par une intuition rétrospective, je croyais entendre l'ignominieuse lie du peuple juif, courant aux remparts, attirée par les apprêts du drame sanglant qui allait se dérouler sur le Calvaire, et il me semblait voir le drapeau d'Hérode, mis en berne par une main mystérieuse.

RÉVÉRENDS PÈRES OBLATS DE MARIE, SALUT !

Vous devenez les gardiens de la croix des pèlerinages Saint-Louis pieusement rapportée des Lieux Saints en 1900 ; elle vous est confiée comme un trésor de prix et de bénédiction, et vous serez pour elle ce que sont là-bas les Franciscains, qui gardent le Saint-Sépulcre depuis sept siècles.

Oh ! qui donc restituera aux catholiques de l'univers les clefs que les Ottomans détiennent depuis Saladin !

Le cœur bondit en allant de Nazareth au lac de Génézareth, à travers le champ de bataille de Hattine où le sol est formé de la cendre des ossements des chevaliers croisés, qui firent de leurs corps un dernier rempart à leur roi « Guy de Lusignan ».

Quels sont les successeurs de ces croisés français qui en défendant la plus sainte et la plus grandiose des causes humaines mêlèrent leur sang à celui des légions de saints Innocents, qui tombèrent sous les ordres cruels du sanguinaire Hérode ; et je croirais volontiers que le tournoiement du vent apporte encore, à ce qu'on dit, dans un murmure aussi lugubre que terrifiant, la plainte des mourants et le chant de victoire des hordes sarrasines » (1).

Mgr Geay voulut bien me répondre en quelques mots vibrant d'éloquence et de foi ; il remercia les pèlerinages de l'insigne don qui lui était fait de cette croix, qui rappelle Jérusalem et les longs efforts des chrétiens en faveur des Lieux Saints, depuis Godefroy de Bouillon et

(1) *Annales de Notre-Dame de Pontmain,* nov. 1900.

Pierre l'Ermite jusqu'à nous. Puisse aussi la France, gardienne du Saint Sépulcre, garder en Orient son prestige! Que les efforts de l'hérésie, ni ceux du schisme grec ne puissent l'entamer : que ni l'Allemagne, ni la Russie n'arrachent à l'influence française la terre que le Christ a foulée de ses pieds et rougie de son sang.

La croix de Jérusalem est plantée à Pont-main, les gardiens du sanctuaire de Marie l'entoureront et la présenteront à la vénération des fidèles. La croix nous soutient dans nos peines : elle les adoucit et les diminue en les unissant à celles du Christ (1).

(1) *Semaine Religieuse de Laval*, 27 oct. 1900.

OUVRAGES CONSULTÉS

1. Arnaud. — *L'Evangile.*

2. Barnabé. — *Le mont Thabor.*

3. Baedeker. — *L'Égypte et la Syrie.*

4. De Caumont. — *Voyage d'outre-mer en Jérusalem au xve siècle.*

5. Flavius Joseph. — *Siège de Jérusalem.*

6. Le Maistre de Sacy. — *L'Ancien et Nouveau Testament.*

7. La Maison de la Bonne Presse. — *Album*...

8. De Saulcy. — *Voyage en Terre Sain...*

TABLE DES MATIÈRES

CHAPITRE PREMIER

Marseille. — Embarquement sur le *Melbourne*. — Les bouches de Bonifacio, le Stromboli, détroit de Messine. — Conférences à bord. — Service religieux. — Horaire.

CHAPITRE II

Egypte. — Faits mémorables. — Confesseurs de la foi. — Bombardement d'Alexandrie en 1882. — Colonne de Pompée.

CHAPITRE III

Delta. — Chemin de fer. — Canaux. — Le Caire. — Citadelle de Saladin. — Mosquée de Méhémet-Ali. — Puits de Joseph. — Tombeaux des Mamelucks. — Statue d'Ismaïl-Pacha. — Le vieux Caire. — Église Saint-Serge. — Ile de Rhoda. — Le touriste sur le Nil. — Gizeh.

CHAPITRE IV

Pyramides. — Matariech. — Héliopolis. — Kassassine. — Ismaïlia. — Terre de Gessen. — Port-Saïd. — De la femme musulmane. — Convention du 22 mai 1887.

CHAPITRE V

Embarquement pour la Palestine. — Jaffa. — Hôpital français. — *Hospitium latinum.* — Mosquée.

CHAPITRE VI

Chemin de fer à Jérusalem. — Entrée solennelle. — Réception des pèlerins au Saint-Sépulcre. — Description du monument. — Trésor. — Des différentes stations.

CHAPITRE VII

Topographie. — Arculf. — Héraclius. — Adrien. — Hérode. — Manassès. — Mur des Juifs. — Habitations jébuzéennes. — Assises Salomoniennes. — Portes Dorée. Sitti-Mariam, de Damas, de Jaffa, de Sion. — La Dormition. — Le Cénacle.

CHAPITRE VIII

Terrain du Haram. — Eseh-Chérif. — Temple de Salomon. — Temple de Zorobabel. — Restauration d'Hérode Agrippa. — Sac de Jérusalem par Titus. — Bâtiments affectés aux Prêtres et aux Vierges.

CHAPITRE IX

Mosquées d'Omar et d'El-Aksa. — Souterrain.

CHAPITRE X

Des environs de Jérusalem. — Des excursions.

CHAPITRE XI

Bethléem. — Crèche. — Grotte du lait. — Village des Pasteurs. — Bethléemites. — Tombeau de Rachel.

CHAPITRE XII

Saint-Jean dans la montagne. — La Visitation. — Nativité. — Orphelinat des Dames de Sion. — Vasques de Salomon. — Hébron.

CHAPITRE XIII

A la mer Morte. — Jéricho. — Pierres du Témoignage. — Le Jourdain. — Couvent de Saint-Jean-Baptiste. — Mer Morte. — Fontaine d'Elisée. — Couvent de Jean Koziba. — Béthanie. — Siloé.

CHAPITRE XIV

Mont des Oliviers. — Ordre des Franciscains. — Assomption. — Gethsémani. — Ascension. — Les Carmélites au *Pater* et au *Credo*.

CHAPITRE XV

Voie de la Captivité. — Maison d'Anne. — La Flagellation. — Couvent des Dames de Sion. — Arc de l'*Ecce Homo*.

CHAPITRE XVI

Voie douloureuse.

CHAPITRE XVII

Œuvres de charité. — Custode de Terre Sainte. — Saint-Sauveur. — Patriarcat latin. — Ordre du Saint Sépulcre. — Sainte Anne. — Hôtellerie de Notre-Dame de France. — Institution Saint-Pierre de Sion.

CHAPITRE XVIII

Monastère des Dominicains. — Tombeaux des Rois et des Juges. — Amas de cendres. — Tombeaux dans la vallée du Cédron. — Saint Jacques le Majeur.

CHAPITRE XIX

Embarquement pour la Galilée. — Caïffa. — Mont Carmel. — Mausolée. — Monument des Croisés.

CHAPITRE XX

Nazareth. — Annonciation. — Atelier de saint Joseph. — Fontaine de la Vierge. — Chapelle de la table de Jésus-Christ. — Synagogue. — Notre-Dame de l'Effroi. — Hôpital. — Orphelinat. — Les Clarisses.

CHAPITRE XXI

De Nazareth à Tabarieh. — Cana. — Loubiel. — Karn-Hattine. — Lac de Génézareth. — Forteresse de Tancrède.

CHAPITRE XXII

Le Thabor. — Ruines archéologiques.

CHAPITRE XXIII

Embarquement pour Beyrouth. — Établissements français.

CHAPITRE XXIV

Chemin de fer à Damas. — Druses. — Fortification. — Maison d'Ananie. — Tombeau de saint Georges — Léproserie. — Mosquée des Ommiades. — Tombeau de Nour-Ed-Din. — Cimetières musulmans et catholiques. — Mausolée d'Abd-el-Kader à la mosquée de Salayié. — Khan. — Citadelle. — Les Lazaristes.

CHAPITRE XXV

Baalbeck. — Temples de Jupiter et du Soleil. — Retour en France sur le *Sénégal*.

CHAPITRE XXVI

Épilogue. — Érection de la croix de Jérusalem à Pontmain (Mayenne).

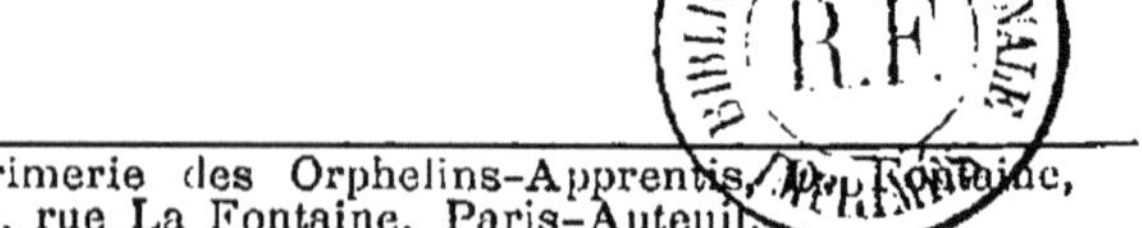

109-01. — Imprimerie des Orphelins-Apprentis, rue La Fontaine,
40, rue La Fontaine. Paris-Auteuil.